퇴계,

인간의 도리를 말하다

퇴계,

인간의 도리를 말하다

김영두 옮기고 풀어씀

푸른메

일러두기

1. 이 책은 창계 임영이 편집한 『퇴계어록』을 번역한 것이다. 번역의 대본은 〈한국학중앙연구원 장서각〉 소장본(청구기호 C2 261)이다.
2. 장서각 소장본은 기존에 유일본으로 알려진 「퇴계학보」 제119집에서 소개한 종로시립도서관 소장본과 내용이 거의 같다. 몇 글자의 차이가 있으나 내용상 의미 있는 차이는 없다. 다만 〈장서각〉 소장본이 간행본인 반면 〈종로도서관〉 소장본은 필사본이다.
3. 번역 과정에서 『학봉전집』 속집 5, 잡저, 「퇴계선생사전」 및 「퇴계선생언행록」과 대조하여 『퇴계어록』의 잘못을 바로잡았다. 고친 내용은 주에서 밝혔다.
4. 편집의 필요 때문에 원본과는 달리 글의 순서가 바뀐 것이 있다.
5. 『학봉집』은 〈한국고전번역원〉에서 모두 번역하여 간행되었으며, 현재 한국고전종합DB에서 검색할 수 있다.(http://db.itkc.or.kr) 번역 과정에서 크게 도움을 받았음을 밝히며 이 자리를 빌려 감사드린다.

들어가는 말

얼마 전 순흥의 〈소수서원〉에 다녀온 적이 있다. 고개를 넘어 풍기 땅에 들어서면 북쪽을 막고 우뚝 솟은 소백산의 모습을 볼 수 있다. 흔히들 경상도에는 너른 들이 없다고들 하지만 소백산맥을 넘자마자 마주치는 풍기의 들은 제법 넓었다. 그 너른 들 어디에서라도 고개를 돌려 북쪽을 바라보면 소백산을 볼 수 있었으니, 거인이 하늘을 이고 서서 사람들을 내려다보고 있는 느낌이 나는 자못 신령스러운 산이다. 눈이라도 내려 희끗희끗해지면 그 기운이 한층 더해 감탄이 절로 나온다.

퇴계의 시대 서울을 떠나 영남으로 가는 길의 시작은 도성을 나와 동호의 나루에서 배를 타는 것이었다. 남한강을 거슬러 올라 충주에 이르면 물길은 끊어지게 되고 곧 소백산을 마주하게 된다. 거기서 대재를 넘으면 바로 영남이다. 퇴계에게 소백산은 영남과 서울을 가르는 분수령이었을 뿐만 아니라 벼슬길과 학문의 길이 갈라지는 기로였다. 고개 넘어 영남 땅에 들어오면 고향에 왔다는 느낌을 받았을 테고, 임금의 명령에 따라 서울로 가는 길을 나설라치면 이 산을 마주하고 각오를 다졌을 것이다.

퇴계에게 벼슬길은 갈 수도 가지 않을 수도 없는 어려운 길이었듯이, 우리도 살다 보면 이런 길을 누구나 하나씩은 가지게 되지 않나 싶다. 세상과 어울려 살아야겠기에 다들 묻히고 사는 검댕을 나도 얼굴에 바르고 둥글둥글 살아야 할 것 같기도 하고, 그러자니 누린내를 맡고 몰려오는 개미떼처럼 세상의 유혹에 빠져 내 얼을 다 내주고 몰려다니게 될까 두렵기도 하다.

무엇이든 빠르고 쉽게 변하는 오늘날 우리 사는 모습을 생각하면, 마치 미친바람이 휘몰아치는 속에서 휩쓸려 내동댕이쳐지지 않으려고 안간힘을 다해 무언가 단단한 것을 부여안고 버티는 여름날 태풍철의 풍경이 떠오른다. 돈과 권력의 광풍을 맞으며 우리가 부여안고 버틸 수 있는 단단한 것이 과연 무엇일까?

이런 고민을 하며 퇴계를 떠올리는 것은 그가 모든 것을 초월한 성인이 아니라, 우리처럼 이런 고민에서 헤어나지 못했고 더러는 난처한 상황에 처해 이러지도 저러지도 못한 경험을 가졌던 사람이기 때문이다. 그러면서도 그는 기생들의 웃음과 노랫소리에서 삶과 죽음이 나뉘는 갈림길을 보았다. "사람의 마음은 위태롭고, 하늘의 마음은 은미隱微하다"고 하지 않았던가? 흔들리는 마음을 다잡고 사람이 살아가는 도리를 찾아가기 위해서는 보일 듯 보이지 않는 흐릿한 자취를 밝은 눈으로 보아야 한다. 이 책이 누군가에게는 그 길을 찾겠다는 결심을 하게 되는 계기가 되기를 바란다.

『퇴계어록』을 만날 수 있는 계기를 만들어 주신 〈푸르메〉에 감사한다. 청산이 유구하듯 오랫동안 많은 이들이 깃들이는 터전이 되기 바란다.

2011년 새해 첫날

수리산 자락에서 김영두

차례

嫌何避先生曰在南冥則當出役在我則亦當如是

以吾之不可學柳下惠可不亦冥乎

先生居鄉凡徭役租賦必先下戶而輸之未嘗有違

楷里香之亦知爲達官家嘗出遊溪邊嗇夫來告曰

今年栢林之禁進賜戶當之先生笑而不答蓋栢林

在溪東令先生戶守之

鄉人志學者或恥品官之列先生曰鄉父兄宗族之

所在矣以隨行爲恥何意或曰門地卑微者居右宗

이기

理氣

이와 기

"사물은 크기도 하고 작기도 하지만 이는 크고 작음이 없다. 놓아주어도 벗어나지 않는 것이 이이고 거두어도 넘어들지 않는 것 또한 이이다. 가는 곳도 없고 정한 모양도 없이 어디에나 가득하며 저마다 하나의 중심을 갖추고 있으니 모자라는 곳도 남는 곳도 찾아볼 수 없다."

'이理'와 '기氣'는 성리학의 핵심적인 개념이다. 기는 세상 만물을 형성하는 바탕이나 힘을 뜻하며, 기라는 원료를 바탕으로 형성된 세상 만물의 운행이 올바른 방향으로 나아갈 수 있도록 이끄는 원리가 바로 이이다. 이는 이치나 법칙이라고 말할 수 있는데, 더 나아가서 만물의 원리라는 뜻도 포함하고 있다. 이는 자연의 물리 법칙뿐 아니라 마땅히 지켜야 할 윤리 규범이라는 뜻도 포함하고 있다. 이와 기는 세상 모든 만물에 모두 깃들어 있지만 동시에 이 두 가지는 서로 혼동되지도 섞이지도 않는다. 이와 기의 개념은 중국 고대로부터 존재하던 것이지만 송대 성리학이 성립되면서 우주와 인간의 구조와 변화를 설명하는 핵심적인 개념으로 자리잡게 되었다.

조선 성리학사에서 퇴계는 흔히 '주리론자主理論者'로 불린다. 퇴계는 인간의 감정을 '사단四端'과 '칠정七情'으로 나누어 보았다. 사단이란 인간의 마음속에 본성으로 갖추어진 이가 먼저 작용을 하고 기가 그것을 따르면서 생겨나는 감정이다. 그리고 칠정이란 바깥의 자극으로 말미암아 마음을 구성하는 기가 먼저 반응해서 움직이면 이가 그것을 타서 조절하는 방식으로 생겨나는 감정이다. 이처럼 퇴계는 이가 먼저 움직여서 감정을 일으킬 수도 있다고 하는 '이발理發'을 긍정했다. 이것은, 이란 형태가 없고 아무런 작용을 일으키지도 못한다는 성리학 일반의 이해 방식을 벗어나는 것이었다. 그렇기 때문에 이 문제를 놓고 고봉高峯 기대승奇大升과 오랜 기간 동안 사단칠정 논쟁을 벌였고, 율곡으로부터도 비판을 받았던 것이다. 하지만 선善의 근원으로서 이의 작용을 강조한 퇴계는 자신의 주장을 굽히지 않았다.

여기에서 소개되는 이기에 대한 일화는 사뭇 다른 분위기이다. 퇴계는 이론적인 접근보다는 제자들에게 이와 기의 개념을 보다 쉽게 설명하기 위해 노력하는 선생으로서의 모습을 보이고 있다. 이치나 자연에 대한 이론적인 논의보다는 인간이 자연과 어떻게 관계를 맺을 것인가에 더 관심을 보인다. 퇴계는 자연의 원리를 거스르지 않고 그것을 드러내어 자신과 일체가 되게 하라고 가르친다.

이理에 대해 여쭙자 선생께서 말씀하셨다.

"그것을 아는 것은 어려운 듯하지만 사실 쉽다. 만약 '배를 만들어 물 위를 다니고 수레를 만들어 땅 위를 다닌다' 하는 옛 유학자들의 말을 곰곰이 생각해보면 나머지는 모두 미루어 알 수 있다. 무릇 배는 물 위를 가는 것이 당연하고 수레는 땅 위를 가는 것이 당연하니 이것이 이이다. 배가 땅 위를 가고 수레가 물 위를 간다면 그것은 이가 아니다. 임금은 어질어야 마땅하고, 신하는 공경함이 마땅하며, 아비는 사랑해야 마땅하고, 자식은 효도함이 마땅하다. 이것이 이이다. 임금이 어질지 않고, 신하가 공경하지 않으며, 아비가 사랑하지 않고, 자식이 효도하지 않으면, 이것은 이가 아니다. 무릇 천하에 마땅히 행해야 하는 것이 이이며, 마땅히 행해서는 안 되는 것은 이가 아니다. 이것으로 미루어보면 이의 실체를 알 수 있다."

또 말씀하셨다.

"사물은 크기도 하고 작기도 하지만 이는 크고 작음이 없다. 놓아주어도 벗어나지 않는 것이 이이고 거두어도 넘어들지 않는 것 또한 이이다. 가는 곳도 없고 정한 모양도 없이 어디에나 가득하며 저마다 하나의 중심을 갖추고 있으니 모자라는 곳도 남는 곳도 찾아볼 수 없다."

問 理字之說 先生曰 知之似難而實易 若從先儒造舟行水造車行陸之說 仔細思量 則餘皆可推也 夫舟當行水 車當行陸 此理也 舟而行陸 車而行水 則非其理也 君當仁 臣當敬 父當慈 子當孝 此理也 君而不仁 臣而不敬 父而不慈 子而不孝 則非其理也 凡天下所當行者 理也 所不當行者 非理也 此而推之 則理之實處 可知也 又曰 事有大小 而理無大小 放之無外者 此理也 斂之無內者 亦此理也 無方所無形體 隨處充足 各具一極 未見有欠剩處

다음과 같이 여쭈었다.

"사람이 다 같이 한 근원에서 오는[一元] 기를 받았는데 왜 저마다 기질氣質이 같지 않습니까?"

선생께서 말씀하셨다.

"사람이 태어나면서 비록 다 같이 한 근원에서 오는 기를 받았다고는 하나, 한 근원에서 오는 기 자체가 또한 고르지 않다. 무릇 한 근원에서 나와서 음양陰陽으로 나눠지니 그 기는 본디 맑고 흐린[淸濁] 구분이 있다. 음과 양은 또 오행五行으로 나눠지니 그 기라고 하는 것은 살리기도 하고 죽이기도 하며, 순조롭기도 하고 거스르기도 하고, 오르기도 하고 내리기도 하며, 떠나기도 하고 돌아오기도 하고, 오기도 하고 가기도 하며, 열리기도 하고 닫히기도 하고, 성하기도 하고 쇠하기도 하니 헝클어져서 부딪히고 뒤집혀서 뒤섞여 도타움과 가벼움, 맑고 흐림이 만 가지로 모두 같지 않다. 사람이 이런 기를 받아서 났으니 기질이 같지 않은 것이 뭐가 이상한가?

옛 학자[先儒]가 '이리저리 옮겨져 오늘에 이르렀다'고 말한 것은 바로 음양과 오행이 고르지 못한 것을 가리켜 말한 것이다. 동방삭東方朔은 '하늘은 사람들이 춥다고 겨울을 거두지 않고 땅은 사람들이 힘들다고 광활함을 포기하지 않으며 군자는 소인들이 떠든다고 행동을 바꾸지 않는다' 했으니, 이 말을 깊이 맛보아야 한다."

問 人同稟一元之氣[1] 而氣質之不同 何也 先生曰 人之生也[2] 雖曰同稟一元氣 而一元之氣 亦自不齊 蓋自一元而分爲陰陽 則其氣固有淸濁之分 陰陽又分爲五行 則其爲氣也 或生或克 或順或逆 或升或降 或往或復 或來或去 或闢或闔 或旺或衰 紛綸交盪 顚倒錯綜 淳漓淸濁 有萬不齊 人稟是氣而生 則其氣質之不同 何可怪乎 先儒所謂騰倒到今日者 正指二五不齊處言也 東方朔[3]曰 天不爲人寒而輟其冬 地不爲人勞而輟其廣 君子不爲小人洶洶而易其行 此言當深味也

---

1) 『퇴계어록』에는 人稟一元之氣로 되어 있으나 『학봉집』을 참고하여 고쳤다.

2) 『퇴계어록』에는 雖曰의 앞에 人之生也가 없다. 『학봉집』을 참고하여 추가했다.

3) 『학봉집』에는 이 부분의 두주頭註에, "동방삭 이하가 초본草本에는 별도로 한 조항으로 되어 있다" 하였다.

다음과 같이 여쭈었다.

"양陽이 돌아오니 하찮은 풀 한 포기도 모두 살려는 뜻을 품고 있습니다. 사람은 만물의 영장인데 오늘 살아나려는 뜻이 홀로 없겠습니까?"

선생께서 말씀하셨다.

"사람이 몸[形氣]에 갇혀 하늘땅의 조화와 서로 상관이 없는 것 같지만, 거기에 반응해서 늘었다 줄었다 하는 원리는 실로 하늘땅과 더불어 서로 흘러서 통한다. 그러므로 옛 임금들은 구일姤日이나 복일復日[4]에 문을 닫고 몸을 가려 조심하며 부드러운 도를 잘라[以絶柔道] 미리 막았다. 그러니 사람만이 이날 홀로 살아나려는 실마리가 없겠는가? 이뿐만이 아니다. 무릇 잠깐 사이라도 착한 실마리가 싹트면 모두 양기陽氣가 돌아오는 날이다. 그런데 사람은 욕심이 있어서 착한 실마리를 넓히는 데까지 미치지 못하는 까닭에 착한 싹이 트자마자 온갖 욕심이 몰려들어 어지럽히니 처음부터 하늘땅의 조화와 서로 크게 동떨어지게 되고 만다. 슬픈 일이다."

問 一陽來復 一草之微 皆含生意 人爲萬物之靈 獨無藹然於今日乎 先生曰 人爲形氣之拘 雖與天地之化 似不相干 而感應消長之理 實與天地相爲流通 故先王於姤復之日 有閉關掩身之戒[5] 以絶柔道 防未然也 然則人於此日 獨無藹然之端乎 非特此也 凡介然之頃 善端之萌 皆陽復之日也 人惟有欲 故不能致擴充之功 一端纔萌 衆欲還汨 始與天地之化 大相遼絶 哀哉

4) 구일은 『주역周易』 구괘姤卦에 해당하는 5월의 하지夏至를 말하는데, 이때부터 음기陰氣가 싹트기 시작한다. 복일은 복괘復卦에 해당하는 11월의 동지冬至를 말하는데, 이때부터 양기陽氣가 싹트기 시작한다.

5) 『퇴계어록』에는 閉關掩身之計로 되어 있으나 『학봉집』을 참고하여 고쳤다.

다음과 같이 여쭈었다.

"생각은 무슨 까닭에 번거로워집니까?"

선생께서 말씀하셨다.

"무릇 사람은 이와 기가 모여서 마음이 된다. 이가 주인이 되어 기를 거느리면 마음이 고요해지고 생각이 하나로 모여 저절로 잡생각이 끼어들 틈이 없게 된다. 그러나 이가 주인이 되지 못하여 기가 이기게 되면, 마음이 마구 엉켜 끝간데없이 흔들리고 삿된 생각과 헛된 상상이 번갈아 가며 자꾸만 몰려들어, 마치 물레방아 돌듯이 돌아 잠시도 멈춰 있지 못하게 된다."

또 말씀하셨다.

"사람은 잡생각이 없을 수 없으니, 다만 중요한 것은 잡생각이 끼어들 틈을 막는 것일 따름이다. 그 요체는 단지 공경敬밖에 없다. 공경하면 마음이 문득 하나가 되고, 하나가 되면 잡생각은 저절로 고요해진다."

問 思慮之所以煩擾 何也 先生曰 夫人會理氣而爲心 理爲主而帥其氣 則心靜而慮一 自無閑思慮 理不能爲主 而爲氣所勝 則此心紛綸膠擾[6] 無所底極 邪思妄想 交至疊臻 正如飜車之環 轉無一息之定帖也 又曰 人不可無思慮 只要去閒思慮耳 其要不過敬而已 敬則心便一 一則思慮自靜矣

6) 此心紛綸膠擾 : 『학봉집』

다음과 같이 여쭈었다.

"'소리개가 날고 물고기가 뛴다[鳶飛魚躍]'[7]는 말이 '호연지기浩然之氣를 기르되, 미리 기약하지도 말고 잊어버리지도 말며 억지로 조장하지도 말라'[8]는 말과 같은 뜻이라는데 그것이 무슨 말입니까?"

선생께서 말씀하셨다.

"소리개가 날고 물고기가 뛴다는 말은, 천지만물을 키우는 기운이 흘러가 아래위로 환하게 드러나니 모두 이理의 쓰임이 아님이 없음을 묘사한 것이다. 오직 욕심이 없는 까닭에 이기理氣는 저절로 흘러 한 순간도 끊어지지 않는다. 사람 또한 반드시 호연지기를 기르되, 기대하거나 잊어버리거나 조장하려는 병통을 없앤다면, 본체가 드러나고 신묘한 쓰임이 나타나 움직여서 또한 한 순간도 멈추지 않을 것이니, 그 모습이 이와 같을 것이다."

問 鳶飛魚躍 與有事勿正勿忘勿助之義同者 何也 先生曰 鳶飛魚躍 狀化育流行 上下昭著 莫非此理之用也 惟無欲 故理氣流行自然 無一息間斷[9] 人亦必有所事 而無期待去念助長之病 則本體呈露 妙用顯行 亦無一息之間 其象乃如此

---

7) "소리개가 날고 물고기가 뛴다"는 말은 『시경』, 대아大雅, 한록편에 보인다.

산뜻한 구슬 잔엔 瑟彼玉瓚
황금 잎이 가운데 붙었네 黃流在中
점잖은 군자님께 豈弟君子
복과 녹이 내리네 復祿攸降
솔개는 하늘 위를 날고 鳶飛戾天
고기는 연못에서 뛰고 있네 漁躍于淵
점잖은 군자님께서 豈弟君子
어찌 인재를 잘 쓰지 않으리오 遐不作人

8) 『맹자孟子』, 공손추장구公孫丑章句 상上, 2장: "감히 여쭙건대 무엇을 호연지기라고 합니까?" "말하기 어렵다. 그 기는 지극히 크고 지극히 굳으니 곧게 길러 손상되지 않으면 하늘과 땅 사이에 가득 찬다.
그 기는 의리와 도에 짝하니 그 기가 없으면 주리게 된다.
이것(호연지기)은 의리가 모여서 생기는 것이요, 의리가 갑자기 밖에서 들어와서 얻게 되는 것이 아니다. 행함에 마음에 차지 않는 것이 있으면 곧 주린 것이다. 내가 그 때문에 '고자告子는 의리를 알지 못했다' 고 한 것이니, 의리가 바깥에 있는 것으로 여겼기 때문이다.
일을 하지만 반드시 미리 기약하지 말고, 마음에 잊지도 말며, 억지로 조장하지도 말아서 송나라 사람처럼 하지 말 일이다. 송나라 사람 가운데 싹이 자라지 않는 것을 걱정해서 뽑아 올린 이가 있었다. 그리고는 태연히 집에 돌아와서 집사람에게 '오늘 피곤하다. 내가 싹이 자라는 것을 도왔다' 고 말했다. 그 아들이 급히 가서 봤더니 싹이 말라 있었다. 세상에 싹이 자라는 것을 돕지 않는 이가 드무니, 이익이 없다고 버려두는 이는 김매지 않는 이요, 자라는 것을 돕는 이는 싹을 뽑아 올리는 이니, 그저 무익할 뿐 아니라 해치기까지 하게 된다."

9) 학봉의 언행록에는 "이가 쉼이 없는 까닭에 저절로 흘러 한 순간도 끊어지지 않는다"라고 되어 있다. 『퇴계어록』에서는 "오직 욕심이 없는 까닭에 이기는 저절로 흘러 끊어지지 않는다"로 고쳤다.

동짓날, 김취려金就礪[10)]가 여쭈었다.

"오늘 양이 처음으로 움직이니 바로 하늘과 땅이 사물을 낳는 시작입니다. 오늘부터 나무와 풀의 뿌리가 모두 살려는 뜻으로 꿈틀거리는 것이 아닙니까?"

선생께서 말씀하셨다.

"바람과 서리에 꺾이고 다친 나머지 나뭇가지들은 비록 앙상하게 말라 살려는 뜻은 아직 드러나지 않지만, 싹이 터 자라는 원리는 이미 오늘부터 움직인다."

至日 金就礪問 今日一陽初動 乃天心生物之始也 草木根荄 皆動生意於今日否 先生曰 風霜摧剝之餘 雖枝條枯悴 生意未形 而其萌長之理 已動於今日矣

10) 김취려(1526~?)의 자는 이정而精이고, 호는 잠재潛齋 또는 정암整庵이다. 안산 사람으로 퇴계의 문인이다.

지양

持養

수양

"학문을 하는 도리는 반드시 정성을 하나로 모아 오래 한 다음에야 이룩할 수 있다. 들락날락 하는 마음으로 공부를 하다말다 한다면, 무엇으로 말미암아 학문을 이루겠는가. 그러므로 주자가 등공에게 이르기를, '정성을 하나로 모아 오래 해야 이룬다. 두세 번만 중단해도 실패한다' 하셨다."

지양持養은 '지키고 기른다'는 말이다. 그러면 무엇을 지키고 기른다는 것인가? 자신의 마음을 바르게 지키고 기른다는 뜻이다. 이것이 바로 성리학의 수양법이다. 마음을 바르게 지키고 기르기 위해 성리학자들도 고요히 앉아 있는 '정좌靜坐'의 방법을 이용했다. 몸과 마음을 수련하기 위해 고요히 앉아 있는 수행 방법이라 하면 불교의 좌선을 떠올리기 십상이지만 이런 방법은 불교, 도교, 유교를 가리지 않고 널리 이용되던 것이었다. 퇴계도 이러한 정좌의 공부를 즐겨 했다고 한다.

불교의 참선은 마음속에 피어나는 헛된 생각을 깨끗이 지우고 무념의 상태가 되는 '공空'의 경지에 이르는 것을 목표로 한다고 한다. 하지만 유교에서 정좌를 행할 때는 오히려 끊임없이 치열하게 생각하고 반성하며 이해하라고 가르친다. 유교의 정좌 또한 고요한 상태에서 자신의 본성을 똑바로 바라보며 그것을 기르는 것을 목표로 하지만, 아울러 구체적인 상황에서 나온 자신의 행동이 어떠한 내면의 소리에 근거했는지 돌이켜 반성하고 이해하는 것 또한 중요하게 생각했다. 그런 과정을 통해 개인의 욕망에서 비롯한 행동은 누르고 선한 본성에서 비롯한 행동은 키워서, 하늘의 도리와 내가 하나가 되는 경지를 추구하는 것이다. 그렇기 때문에 유교의 공부는 평범하고 명백한 나날의 생활에서 하늘의 도리를 깨달아 나가는 것이다.

유교의 정좌는 마음을 늘 깨어있는 '경敬'의 상태로 유지하는 것을 최고의 목표로 삼는다. 보통 공경이라고 하면 상대방을 우러러보며 삼가는 태도를 갖는 것을 뜻하지만, 그것이 아무 대상 없이 그저 마음의 상태를 가리킬 때는, 마음이 하나에 집중된 상태로 안정되어 어떤 자극에도 흔들리지 않는 경지를 가리킨다. 이런 경지를 이해하지 못한다면 온 사방에 경구를 써 붙이고 살아도 아무런 소용이 없다. 이것을 이루기 위한 수양이란 그 어느 것 하나 쉽게 되는 것이 아니라 조금씩 늘 쉬지 않고 쉬운 것부터 실천해 나가야 하는 지름길 없는 공부이다.

연평延平 이동李侗의 정좌靜坐의 설에 대해 선생께 여쭈었다.[11)]

"정좌를 한 다음에야 몸과 마음이 거두어지니 도리道理가 바야흐로 멈춰 쉴 곳이 생깁니다. 만약 몸이 흐트러지고 게을러져 갈무리하지 않으면 몸과 마음이 혼란스러워져 도리가 다시는 정박하여 머무를 곳이 없게 됩니다. 그러므로 주자朱子도 연평 이동을 마주하고 종일토록 정좌하고 집에 돌아와서도 또 그렇게 했습니다. 그런데 정좌만 하다가 갇히는 병통이 있으면 어떻게 합니까?"

선생께서 말씀하셨다.

"피와 살로 이루어진 몸이 어릴 적부터 전혀 갈무리되지 않다가 하루아침에 갑자기 정좌해서 거두어들이려 한다면 어찌 갇히는 병통이 없겠는가? 모름지기 굳게 괴로움을 참고 멋대로 움직이는 때가 없이 오래도록 거듭 한 다음에야 바야흐로 갇히는 병통이 없어질 것이다. 만약 갇히기를 싫어하면서도 저절로 갈무리되기를 기다린다면, 이것은 곧 온몸이 마음의 명령을 따라 공손하면서도 편안해지는 성현의 경지이니, 처음 배우는 이가 할 수 있는 바가 아니다. 무릇 갇히는 병통은 실로 공경을 간직하는 공부가 지극하지 못한 데에서 말미암는 것으로, 편안함과 방자함을 날마다 탐내기 때문이다. 마음이 만약 깨어서 게으르고 방종하지 않으면, 온몸이 자연스럽게 갈무리되어 마음의 명령을 따를 것이다."

또 말씀하셨다.

"학문을 하는 도리는 반드시 정성을 하나로 모아 오래 한 다음에야 이룩할 수 있다. 들락날락 하는 마음으로 공부를 하다말다 한다면, 무엇으로 말미암아 학문을 이루겠는가. 그러므로 주자가 등공滕珙에게 이르기를, '정성을 하나로 모아 오래 해야 이룬다. 두세 번만 중단해도 실패한다' 하셨다."

問 延平靜坐之說於先生曰 靜坐然後身心收斂 道理方有湊泊處 若形骸放怠無檢 則身心昏亂 道理無復有湊泊處 故考亭對延平 靜坐終日 及退私亦然 靜坐有拘束之病則如何[12] 先生曰 血肉之軀 自少全無撿束 一朝遽欲靜坐收斂 豈無拘束之病 須是堅耐辛苦 無快活節更歷歲久 然後方無拘束之病矣 若厭拘束而待其自然 則是乃聖賢百體從令而恭而安之事 非初學所可能也 大抵拘束之病 實由持敬之工未至安肆日偸故也 心若惺惺 無所怠放 則百體自然收撿而從令矣 又曰 爲學之道 必須專一悠久 然後乃能有成 而以一出一入之心 爲或作或輟之工 則學何由成 故朱子告滕珙曰 專一悠久爲成 二三間斷爲敗

---

11) 연평 이동은 정호程顥와 정이程頤 형제의 제자였던 양시에게서 배운 나종언으로부터 북송의 신유학 전통을 이어받은 남송의 성리학자이다. 1157년, 당시 65세였던 이동은 28세였던 주희를 만났다. 그 뒤 두 사람은 7년 동안 학문적 교류를 이어나갔다. 그 기간 동안 이동은 자신이 이어받은 신유학의 전통을 주희에게 고스란히 물려주었다.

12) 故延平對豫章: 『학봉집』의 언행록에는 "연평 이동이 스승인 예장 나종언을 마주하고"라고 되어 있으나, 『퇴계어록』에는 "주자도 연평 이동을 마주하고"로 되어 있다.

다음과 같이 여쭈었다.

"삼가는 말을 써서 앉은 자리 옆에 걸어놓고 보면서 반성하는 것은 어떻습니까?"

선생께서 말씀하셨다.

"옛사람들은 세숫대야나 밥그릇, 안석이나 지팡이에도 모두 글귀를 새겼다. 다만 마음에 조심하고 반성하는 고갱이가 없다면 삼가는 글귀가 벽을 가득 채워도 안 보일 것인데 그게 무슨 소용이 있겠느냐? 만약 횡거橫渠 장재張載[13)]처럼 학문을 해서, 낮에 열심히 노력해서 밤에 얻고, 말을 하면 가르침이 있고 움직이면 모범이 되며, 눈 깜짝할 사이라도 마음을 놓치지 않고 숨 한 번 쉴 사이라도 덕을 기른다면, 마음이 늘 깨어 있어 흐트러지지 않는 것이다. 무엇 때문에 굳이 앉은 자리 옆에 글귀를 걸겠느냐?"

問 書箴警之言 揭座右觀省 如何 先生曰 古人盤盂几杖 皆有銘 但心無警省之宗 則箴書滿壁 亦將視而不見 固何益哉 爲學如張橫渠 晝有爲 夜有得 言有教 動有常 瞬有存 息有養 則此心常存而不放矣 何待於揭座右也

13) 장재(1020~1077)는 자가 자후子厚이고, 오랫동안 섬서성 봉상부 미현의 횡거진에서 가르쳤기 때문에 '횡거橫渠 선생' 이라고 부른다. '북송오자' 로 불리는 북송 때의 대표적인 성리학자 가운데 한 명이다.

다음과 같이 여쭈었다.

"주자는 늘 배우는 이들에게 평범하고 명백한 것을 공부하라고 가르쳤습니다. 평범하고 명백하다는 것이 바로 어버이를 섬기고 형을 따르는 것처럼 일상에서 행하는 일들을 말하는 것입니까?"

선생께서 말씀하셨다.

"그렇다. 공자孔子께서 번지樊遲에게 이르시길, '어디에 있든 공손하고 일할 때는 정성스러우며 사람을 대할 때 성실하라' 하셨는데, 이것들이 모두 평범하고 명백한 것이다."[14)]

問 朱子常令學者 於平易明白處用工夫 所謂平易明白處 乃事親從兄日用常行之事乎 先生曰 然 孔子告樊遲曰 居處恭 執事敬 與人忠 皆是平易明白處也

14) 『논어論語』, 「자로子路」, 19장: "번지가 인에 대해 물으니 선생께서 말씀하셨다. '어디에 있든 공손하고 일할 때는 정성스러우며 사람을 대할 때 성실함은 비록 오랑캐 땅에 가더라도 버릴 수 없다."

嫣何避先生曰在南冥則當如彼在我則亦當如是

以吾之不可學柳下惠可不亦冥乎

先生居鄉凡徭役征賦必先下戶而輸之未嘗有逋

稽里胥亦未知為達官家嘗出坐溪邊嗇夫來告曰

今年柏林之禁進賜户當之先生笑而不答蓋柏林

在溪東今先生户守之

鄉人志學者或恥居官之列先生曰鄉父兄宗族之

所在矣以隨行為恥何意或曰門地卑微者居右

독서

讀書

책읽기

“책 읽을 때 중요한 점은 이것이다. 반드시 성현의 말씀과 행동을 마음으로 익히되 푹 잠겨 참뜻을 구하고 묵묵히 깊은 맛을 본 다음에야 바야흐로 심성이 길러지고 학문이 이룩되는 성과가 있게 된다. 만약 설렁설렁 해석하고 넘어가고 벙벙하게 외워 말할 따름이라면 말 몇 마디 귀로 듣고 입으로 옮기는 쓸데없는 재주에 지나지 않을 것이다.

퇴계가 가르치는 책 읽는 법은 '숙독熟讀'이다. 퇴계에게 있어 책을 읽는다는 일은 단순히 책을 읽고 그 속에 담긴 정보를 자기 것으로 만드는 것에 그치지 않는다. 퇴계는 글을 읽었으면 그 뜻을 깊이 익혀 심성을 기르고 학문을 이룩하는 성과를 거두는 단계에까지 가야 한다고 가르친다. 이같은 독서법은 퇴계가 주자를 통해 받아들인 주자학의 독서법이다.

주자에 따르면 책읽기는 그 책에 담겨 있는 성현의 말씀이 모두 그 책을 읽은 사람의 것이 될 때 비로소 제대로 되었다고 말할 수 있다. 그것은 책을 읽어 성현의 뜻을 이해하고, 성현의 뜻으로 세상을 관통하는 자연의 이치를 보는 경지를 추구한다. 책을 읽었는데도 그 사람의 본바탕이 변하지 않는다면 그것은 제대로 책을 읽었다고 할 수 없다.

이런 책읽기를 제대로 하기 위해서는 먼저 자신의 마음을 고요한 물이나 맑은 거울처럼 깨끗하게 가다듬고, 마음을 비우고 기운을 고르게 한 다음, 책이 자신이게 보여주는 세계를 완전히 받아들일 준비를 갖추어야 한다. 한 순간이라도 마음을 놓아서는 이 대결을 끝까지 해낼 수 없다.

퇴계는 또한 낮에 읽은 바를 밤이면 풀어보아야 한다고 했다. 책을 읽는 것과 읽은 책의 내용을 깊이 사색하는 것은 서로 짝을 이룬다. 공자도 "배우고도 생각하지 않으면 어둡고, 생각만 하고 배우지 않으면 위태롭다"고 하지 않았는가? 배운다는 것은 곧 책을 읽는다는 것과 통하니 읽고 생각하면서 그 책의 내용을 자신의 것으로 만들어나가는 것이다.

퇴계는 독서의 기본을 사서四書로 보았다. 사서는 주자가 구성한 성리학의 기본 경전인 『대학』, 『논어』, 『맹자』, 『중용』의 네 책을 말한다. 그렇지만 퇴계는 과거를 위한 공부로 사서를 보는 식의 책읽기를 비판했다. 사서를 그저 시험을 준비한다는 태도로 읽는 것은 결코 제대로 된 책읽기라고 할 수 없고, 그런 식으로 해서는 사서에 담긴 성현의 마음을 자기 것으로 할 수는 없을 것이라고 보았다.

과거 공부에서 헤어나지 못하는 이들을 위해 퇴계는 주자의 편지를 읽을 것을 권했다. 주자의 편지를 읽으면 학문하는 방법을 알게 된다고 보았기 때문이다. 그러므로 처음에 사서를 읽고 다음에 주자의 편지를 읽어서 학문하는 방법을 익힌 다음에 다시 되돌아와서 사서를 읽으면 이전에 과거 준비로 읽던 사서에서는 느낄 수 없는 깊은 맛을 느낄 수 있을 것이라고 했다.

책 읽는 방법에 대해 여쭙자 선생께서 말씀하셨다.

"익숙한 데까지 가야 한다. 무릇 글을 읽는 사람이 글의 뜻을 알았다 하더라도, 익숙해지지 않으면 읽고 나서 금방 잊어버려 마음에 간직할 수 없게 되기 십상이다. 배우고 나서 익숙해질 때까지 노력한 다음에야 바야흐로 마음에 간직할 수가 있어서 흠뻑 그 맛에 젖어들 수 있다."

問讀書之法 先生曰 止是熟[15] 凡讀書者 雖曉文義 若未熟 則旋讀旋忘 未能存之於心 必也 旣學而又加溫熟之功 然後方能存之心 而有浹洽之味矣

15) 只是熟:『학봉집』

책 읽는 방법에 대해 또 말씀하셨다.

"책 읽을 때 중요한 점은 이것이다. 반드시 성현의 말씀과 행동을 마음으로 익히되 푹 잠겨 참뜻을 구하고 묵묵히 깊은 맛을 본 다음에야 바야흐로 심성이 길러지고 학문이 이룩되는 성과가 있게 된다. 만약 설렁설렁 해석하고 넘어가고 범범하게 외워 말할 따름이라면 말 몇 마디 귀로 듣고 입으로 옮기는 쓸데없는 재주에 지나지 않을 것이다. 비록 천 편의 글을 다 외우고 머리가 하얗게 세도록 경전을 떠들어댄들 무슨 도움이 있겠는가?"

又曰 讀書之要 必以聖賢言行體之心 而潛求默玩 然後方有涵養進學之功 若忽忽說過 泛泛誦說而已 則是不過章句口耳之末習 雖誦盡千編 白首談經 亦何益哉

또 말씀하셨다.

"이 책을 읽는다면 학문하는 방법을 알 수 있다. 이미 방법을 알게 되면 또한 반드시 느끼고 분발하여 떨쳐 일어날 것이니, 밖으로만 달려나가는 마음이 조금은 드물어질 것이다. 이를 좇아 공부해서 오랫동안 버릇이 쌓인 다음 다시 사서를 보면, 성현의 말씀 한마디 한마디가 맛이 날 것이니 스스로에게 바로 받아들여지는 곳이 생길 것이다."

又曰 能讀此 則可知爲學之方 旣知其方 則必且感發興起 其馳外之心 少間矣 從此做功 積習旣久 然後回看四書 則聖賢之言 將節節有味 於身上方有受用處

또 말씀하셨다.

"'이 책을 안 읽어도 그 사람이고, 이 책을 읽고 나도 그 사람이다'라고 한 구절은 깊이 경계해야 한다."

又曰 未讀是書猶是人 旣讀是書猶是人 一句[16] 當深戒也

16) 『주자어류』에 다음과 같은 구절이 있다. "오늘날 배우는 이들은 이미 읽은 것도 읽지 않은 것 같고, 읽지 않았던 것도 이미 읽은 것 같다. 今之學者 看了也似不曾看 不曾看也似看了"(『주자어류』 10, 「학學」 4, 독서법讀書法 상上)
책을 읽는다는 행위가 그 사람에게 어떠한 본질적인 변화도 가져다주지 못한다면, 그것은 책을 제대로 읽지 않은 것이라는 비판이다. 퇴계가 말한 구절은 바로 이것이 아닐까 한다.

또 말씀하셨다.

"낮에 읽은 바를 밤에 반드시 생각하고 풀어보아야 한다."

又曰 晝之所讀 夜必思繹

선생께서 일찍이 말씀하셨다.

“성학聖學은 사서四書를 벗어나지 않는다. 선비로서 배움에 뜻을 둔 이라면 이 책을 놓아두고 어느 책을 가지고서 배우겠는가? 다만 요사이 사람들이 사서를 읽지 않는 것은 아니지만, 그저 구절을 외워서 과거에 급제하기 위해 하는 것일 뿐, 몸과 마음을 닦는 것과는 아무 상관이 없다. 거기에 빠져버린 지가 이미 오래되었으니 깨우쳐 분발하게 하기가 어렵다.

『주자서절요』의 경우는 이미 그런 폐단이 없으니, 이 책을 읽으면 사람들이 쉽게 느끼고 분발하여 성학에 힘쓰게 될 수 있다. 그러므로 처음 배움에 나서는 이들을 맞아서 이끌 때는 반드시 이 책으로 한다.”

先生嘗曰 聖學不過四書 士之志學者 舍是書何以哉 但今人非不讀之 而只以帖誦決科爲業 於身心了不相關 陷溺旣久 難以啓發 若是書旣無其弊 而讀令人 易以感發興起 故接引初學 必以是書云[17]

17) 下是書 卽朱書節要: 학봉의 언행록에는 “아래 이 책이라고 한 것은 바로 주자서절요이다”는 구절이 있다. 이에 따라 두 번째 ‘이 책’을 ‘주자서절요’라고 번역했다.

다음과 같이 여쭈었다.

"경재잠敬齋箴[18]에서 '둘이라고 해서 둘로 나누지 말고 셋이라고 해서 셋으로 나누지 말라' 했습니다. 둘二과 둘貳, 셋三과 셋參의 뜻이 어떻게 다릅니까?"

선생께서 말씀하셨다.

"둘二과 셋三은 이루어진 수이고, 둘貳과 셋參은 그 수가 되게 하는 이름이다. 『주역』에서 '삼천양지參天兩地'라 했고, 『예기禮記』에서는 '사람이 둘씩 앉고 둘씩 섰거든 거기에 가서 셋이 되게 하지 말라[離坐離立 毋往參焉]'고 했으며, 『논어』에서는 '거듭 잘못하지 않았다[不貳過]' 했는데, 이들 셋參이나 둘貳 자가 또한 이런 뜻이다."

問 敬齋箴 勿貳以二 勿參以三 二與貳 三與參 義同異何如 先生曰 二與三 成數也 貳參 成其數之名也 易曰 參天兩地 記曰 離坐離立 毋往參焉 論語曰 不貳過 此參貳字 亦此意也

---

18) 주자의 글로, 서재의 벽에 써 붙이고 스스로를 경계하던 글이다. 다음과 같은 구절이 있다. "弗貳以二 弗參以三 惟心惟一 萬變是監."

봉선

奉先

예법의 원칙과 적용

"내 생각에 예법을 반드시 모두 따를 필요는 없고, 집안 형편에 따라 제사를 지내는 것도 괜찮을 듯하다. 다만 지나치게 분수를 넘는 데에 이르지는 말아야 할 것이다. 그리고 그릇 수도 너무 많으면 안 된다. 너무 많으면 더럽히게 되고 깨끗하게 다루지 못하게 된다."

예의 본질은 필요한 순간에 그 마음을 적절하게 표현하는 형식을 갖추는 것이다. 공자도 '예는 사치한 것보다는 검소함이 우선이요, 상례는 잘 갖춰진 절차보다 슬퍼하는 마음이 근본이라' 했다. 어떤 형식의 예를 갖추든 근본이 되는 마음이 우러나지 않는다면 무슨 소용이 있을까? 주자 시대에 『가례家禮』와 같은 예서가 나온 것도, 시대에 맞지 않는 복잡한 형식 때문에 예의 본질이 표현되지 못할까 하는 걱정 때문이었다.

중국 송대 사대부 사회가 성립하면서 동시에 신유학이 그들의 이념으로 등장하였다. 사대부들은 새로운 이념에 맞는 새로운 예법을 필요로 했다. 그들은 당시의 풍속과 법제에 맞고 누구나 쉽게 따를 수 있는 간결한 형식의 예법을 갖추어 나갔다. 사대부들의 예법은 신분에 따라 예법의 차별이 엄격하게 지켜지던 이전 왕조의 예법과는 달리, 신분과 지위에 따른 한계를 중요하게 여기지 않는 보편적인 예를 추구하였다.

퇴계 또한 주자와 같은 고민을 했다. 그가 살았던 시대는 성리학을 사회의 지배 이념으로 받아들였다. 하지만 『주자가례』로 대표되는 성리학의 예법은 그가 살았던 16세기 조선과 시대도, 지역도, 풍습도 다른 현실에 기반한 형식이었다. 그것을 어떻게 받아들여야 할 것인가? 퇴계는 『가례』의 정신을 존중하면서도 그가 발을 딛고 서 있던 16세기 조선에서 예를 실천해야 한다는 현실을 잊지 않았다.

예서에 모든 것이 규정되어 있는 것이 아닌 만큼, 새로운 제도를 실천하는 과정에서 세세하게 고민하고 판단해야 하는 문제가 끊임없이 제기되었다. 퇴계는 제자들의 이런 질문에 대해 때로는 원칙에 충실했고, 때로는 현실을 인정했다. 형편상 예서에 규정된 대로 제사 음식을 마련하지 못하는 경우에는 분수에 맞게 적절히 줄일 것을 권하기도 했지만, 양자로 들어간 자식이 친부모의 상을 성대히 지내려고 하는 것은 원칙을 들어 비판하기도 했다. 이처럼 그는 이상과 현실의 괴리를 절충해서 하나의 해답을 찾아나갔다.

요즘 풍속에 따르면 아버지가 돌아가셨을 때 아버지와 어머니 신위에 함께 제사를 지내는데, 이에 대해 선생께서 말씀하셨다.

"길吉을 끌어다 흉凶으로 나아가니 아주 잘못된 예이다."[19)]

世俗當親喪 幷祭考妣 先生曰 援吉卽凶 甚非禮也

19) 여기서 길이란 3년상을 마친 상태를 말하고 흉이란 방금 상을 당한 상태를 말한다.

"여묘廬墓살이[20] 하는 제도는 후대에 나온 것으로 장사를 지냈으면 혼령을 다시 집에 모시는 것[返魂]이 예이다.[21] 다만 집에서는 안팎의 구분과 남녀의 구별이 분명하지 못하니, 장례나 제사가 근엄하지 못하고 끝내 바람직하지 않게 될 수도 있다."

廬墓之制 出於後世 葬而返魂 禮也 但人家內外之分 男女之別 不能斬然 則喪祭恐不能謹嚴 終有所未安者

20) 부모상을 당하여 무덤을 만들고 나서 그 서쪽에 여막을 짓고 상주가 3년 동안 사는 일을 말한다. 하지만 이 제도는 『주자가례』에 규정된 것이 아니다.

21) 『주자가례』에 나오는 반곡反哭의 절차를 가리킨다.

또 말씀하셨다.

"옛날에 어떤 사람이 상중에 병을 얻어 계집종으로 하여금 탕약을 올리게 하였다가, 삼가지 않았다는 이름을 얻어 평생토록 세상에서 쓰이지 못하였다. 그러니 꺼려야 되는 것을 분별하는 일을 엄하게 하지 않을 수 없다."

又曰 昔人當喪得病 令女僕供湯藥 仍得不謹之名 平生坎坷於世 別嫌 不可不嚴也

"요즘 사람들은 부녀자의 초상을 조문하면서 친척이 아닌데도 바로 영좌靈座[22] 앞에 절하는데 이것은 잘못된 예이다. 살아 있을 때 집안끼리 통하여 방안을 드나든 사이가 아니면 내외하는 예는 절대로 어지럽힐 수 없다. 어찌 죽었다고 해서 갑자기 부인의 도리를 없애겠는가?"

今人弔內喪者 雖非親戚 而直拜靈座前 此非禮也 生時未有通家升堂之分 則內外之禮 截然不可亂也 豈以之死 而遽廢婦人之道乎

22) 죽은 이의 혼령을 모셔놓고 제물을 올리는 자리. 조문객이 그 앞에서 죽은 이에게 슬픔을 나타내는 장소이기도 하다.

김취려가 여쭈었다.

“부녀자의 초상 때 사내종을 제사 돕는 종으로 삼는 것은 어떻습니까?”

선생께서 말씀하셨다.

“그것은 잘못된 예이다. 만일 계집종을 시킨다면 마땅할 것 같기도 하지만, 여묘살이 하는 곳에 계집종을 두는 것 또한 바람직하지 않다. 그러니 자식들을 집사執事로 삼아서, 제상 차리는 일이나 다른 여러 가지 일들을 모두 그들에게 시켜 한다면 예에 부합될 듯하다. 일찍이 종묘宗廟의 제사를 보았을 때 대축大祝[23]이 임금의 주독主櫝[24]을 열고 내관內官이 소군小君[25]의 주독을 열었는데, 또한 이런 이유 때문이다.”

金就礪問 內喪 以男奴爲祭僕 何如 先生曰 此是非禮 若以女僕爲之 則似當 而廬所畜婢 又未安 以子弟爲執事 陳設諸事 皆令子弟行之 似合禮 常觀宗廟之祭 大祝啓君之主櫝 內官啓小君之櫝 亦以此也

23) 종묘 제향 때 초헌관이 술을 따르면 신위 옆에서 축문을 읽던 사람.

24) 신주를 모셔 두는 궤.

25) 제후의 아내, 곧 임금의 어머니나 아내를 가리킨다.

다음과 같이 여쭈었다.

"주자께서 늘 소목昭穆의 제도[26]가 오랫동안 폐지된 것을 한탄했습니다. 그런데 『가례』를 지을 때에는 도리어 당시의 풍속을 따랐습니다. 왜 그랬습니까?"

선생께서 말씀하셨다.

"당대에 널리 시행되는 제도를 어찌 가벼이 고칠 수 있겠느냐? 그리고 의례란 세상에 널리 행해지는 것이다. 세상에서 전혀 행해지지 않는데 헛되이 글로만 남긴들 무슨 소용이 있겠느냐? 그래서 제자들에게 답한 편지를 보면 고례古禮가 회복되지 못함을 깊이 탄식하면서도 끝에는 다음과 같이 말했다. '어찌 그런 것들을 조정에 건의해서 하나하나 잘못을 씻어내고 나서야 시원하다고 하겠느냐?' "

問 朱子常歎昭穆之禮久廢 作家禮 却徇時俗之禮 何也 先生曰 時王之制 豈可輕改 且禮者 天下之通行者也 擧世不行 則雖成空文何益 故其答門弟子書 深歎古禮之不復 而終曰豈若獻議于朝 一一滌其謬之 爲快也云云

26) 종묘나 사당에 조상의 신주를 모시는 차례. 왼쪽 줄을 소昭라 하고, 오른쪽 줄을 목穆이라 하여 1세를 가운데에 모시고 2세, 4세, 6세는 소에 모시고, 3세, 5세, 7세는 목에 모신다.

다음과 같이 여쭈었다.

"아내가 죽었을 때 아들이 없고 또 뒤를 이을 사람도 없으면, 신주神主나 축문祝文의 제사題辭는 어떻게 써야 합니까?"

선생께서 말씀하셨다.

"신주에는 '옛 아내 어디 사람 누구……故室某人某氏云云' 라고 쓰는 것이 마땅할 것이다. 주자의 문인이 일찍이 이에 대하여 묻자 선생께서 말씀하시기를, '마땅히 죽은 아내[亡室]라고 써야 한다……' 하셨다. 내 생각에 '죽은[亡]'이라는 글자는 박절해서 그 몸이 죽지 않은 듯 여기는 뜻과 다른 것 같다. 그보다는 '옛[故]'이라고 쓰는 것이 무방할 듯하다. 축문에서 고하는 말도 마찬가지이다. 다만 고하는 이는 남편의 이름을 써야 하며, '남편[夫]'이라는 글자는 쓸 필요가 없다. '감히 밝게 고한다[敢昭告]' 도 또한 '삼가 고한다[謹告]' 로 고쳐서 쓰고 '감히 밝게[敢昭]'라는 글자는 빼는 것이 옳은 듯하다."

問 妻亡無子 且無繼後 則其神主祝文題辭 當如何 先生曰 主則當書曰故室某人某氏云云 朱門人嘗問此條 朱先生曰 當以亡室書之云云 某意亡字似迫切 非不死其身之意 以故字書之 恐無妨 祝告辭亦同 但告者 則當書夫姓名 而夫字不必書也 敢昭告 亦改曰謹告 而去敢昭字[27] 恐或可也

27) 『퇴계어록』에는 而去敢字로 되어 있으나 『학봉집』을 참조하여 고쳤다.

다음과 같이 여쭈었다.

“아내가 자식 없이 죽었을 때와 누이가 집에 있다가 어른이 된 다음 죽었을 때, 신주의 속칭屬稱[28])과 방제傍題[29])를 어떻게 써야 옳습니까?”

선생께서 말씀하셨다.

“앞에서 제시한 일은 모두 예가 평범한 상황을 벗어난 경우이다. 변례變禮는 성현도 어렵게 여겼는데, 거기에 대해 어찌 감히 마음대로 논단하겠는가? 그러나 제시한 주장에 대해 말한다면, ‘죽은 아내 아무개 작위 아무개 씨[亡室某封某氏]’ 라고 쓰고 방제를 쓰지 않는 것이 좋을 듯하다. 무릇 방제는 높이는 이에게 쓰는 것이고 아랫사람에게는 꼭 써야 하는 것이 아니니, 이는 곧 주자의 주장이다. 내 생각에는 ‘망亡’ 자를 ‘고故’ 자로 대신했으면 하는데 과연 그것이 옳은지는 모르겠다. 작위가 없으면 관향貫鄕을 쓴다.

누이에 대해서도 그러하니, 역시 위의 예에 따라 ‘죽은 누이……故妹云云’ 라고 쓰고 방제는 쓰지 않는 법이다. 무릇 누이라고 하였으면 이미 신령이 의지할 데가 있는 것인데, 어째서 굳이 방제를 쓰고서야 의지할 수 있겠는가? 방제란 높이는 예이니, 이들에게 쓰는 것은 적절하지 않다. 지방을 쓴다는 주장 또한 너무 소략한 듯하다.”

問 妻之亡後 及妹在室 成人而死 則其屬稱旁題 將何書而可乎先生曰 示事 皆禮之變處 禮之變處 聖賢猶以爲難昧者 何敢妄議於其間然 以所示說 言之 書亡室某封某氏 而不書旁題者 似爲得之 蓋旁題施於所尊 以下則不必書 乃朱先生說也 亡欲代以故字 鄙意果如此 未知是否 無封則稱以鄕貫 亡欲代以故字之說耳 某於妹也 亦然 亦以右例 書故妹云云 而無旁題 蓋旣稱爲妹 則神之所依 何必待旁題然後可依耶 旁題乃尊敬之禮 不宜施於此等也 紙牓之說 亦恐太忽略耳

28) 제사를 지내는 사람이 제사를 받는 사람과의 관계를 드러내는 칭호. 속屬은 고高·증曾·조祖·고考를 말하고, 칭稱은 관직이나 호를 말한다.

29) 신주 아래 왼쪽에 제사를 받드는 사람의 이름을 쓴 것.

다음과 같이 여쭈었다.

"한 달을 하루로 쳐서 상복을 빨리 벗는 제도는 비록 부모나 형제의 상에도 상복 입는 것을 한 달밖에 허락하지 않습니다. 그래서 관직을 가진 이들은 모두 길관吉冠[30)]을 쓰고서 벼슬길에 나섭니다. 이 제도는 유래가 이미 오래되어 갑자기 고칠 수 없습니다. 나랏일을 맡았으니 그렇게 하는 것이 참으로 마땅하기도 합니다. 다만, 사관四館[31)]이 다 같이 나아가는 연회 같은 일은 사적인 모임입니다. 윗사람이 오늘날의 제도라면서 연회에 참석하라고 억지로 강요한다면 어떻게 해야 할까요?"

선생께서 말씀하셨다.

"옛날 송나라에서는 자약子約 여조검呂祖儉이 그의 형인 동래東萊 여조겸呂祖謙[32)]의 상을 치르기 위해 벼슬을 그만두고 상복을 입는 것을 조정에서 허락한 적이 있는데, 군자들은 지금까지도 그것을 옳았다고 이야기한다. 만약 상복을 입으려면 이렇게 해야만 자신의 뜻을 실행할 수 있을 것이다. 그렇지 않다면 그저 풍습을 따를 수밖에 없을 것이다. 오늘날의 제도를 내가 어떻게 할 수는 없다."

問 易月之制 雖父母兄弟之喪 期月之外 不許持服 在官者 皆吉冠從仕 其來已久 不可卒改也 然當國事 固宜如此 若四館齊進等宴 乃私會也 爲右位者 斷以時王之制 强之參宴 則如之何 先生曰 昔呂子約爲東萊之喪 解官持服 朝廷許之 君子至今爲善談 若欲持服 當如此然後可行己志 不然則只得從俗而已 吾於時王之制 蓋無如何耳

30) 상복을 벗은 뒤에 쓰는 관.

31) 조선시대 교육과 문예를 담당하던 네 관청, 곧 성균관成均館 · 예문관藝文館 · 승문원承文院 · 교서관校書館을 통틀어 부르는 이름.

32) 여조겸(1137~1181)의 자는 백공伯恭이며 사람들이 '동래선생'이라고도 불렀다. 주희와 동시대 사람이며 친분이 있어 『근사록近思錄』을 같이 편집한 것으로 유명하다. 그의 학문은 주희와 육구연의 학문을 조화시키려는 절충적인 성향이 특징이다. 동생인 여조검과 함께 명초산明招山에서 강학하면서 〈여택서원麗澤書院〉을 창건하였다.

또 말씀하셨다.

"예에는 둘 다 옳은 것이 없고 일에는 양쪽 다 좋은 경우가 없다. 벼슬하는 이가 자신의 뜻을 굳이 실행하려고 하면, 걸리는 일이 많아서 끝내 좋은 결말을 보지 못할 것이다."

又曰 禮無兩是 事無兩便 在官者 若欲行己志 事多妨碍 終未見其可也

류중엄柳仲淹[33]이 양자로 들어간 뒤에 친어머니의 상을 당하였는데, 1년이 지난 뒤에도 차마 상복을 벗지 못하고 굳이 3년상을 마치려고 했다.

선생께서는 그것을 몹시 그르게 여기면서 다음과 같이 말씀하셨다.

"선왕先王이 정한 예를 넘어서면 안 된다. 어찌 자기 감정이 가는 대로 마구 갈 수 있겠느냐? 이미 남의 양자로 들어가 놓고 다시 친부모를 돌아보고자 한다면, 이것은 근본이 둘이 되는 것이다. 그것이 옳겠느냐?"

柳仲淹爲人後 丁母喪 期不忍脫衰 堅欲終制 先生甚非之曰 先王制禮 不可過也 豈可徑情直行乎 旣爲人後而又欲顧私親 則是二本也 其可乎

33) 퇴계의 제자인 류중엄(1538~1571)의 생부는 참봉을 지낸 류공석柳公奭이며, 어머니는 권응삼權應參의 딸이다. 하지만 후사가 없는 숙부 류공계柳公季에게 입양되어 대를 이었다.

또 말씀하셨다.

"세상 사람들이 남의 재산을 탐내 앞다투어 양자로 들어가려 하는데, 막상 후계를 잇고 나면, 살아계실 때 섬기거나 돌아가셨을 때 장사 지내는 따위의 일에서 낳아준 부모를 도리어 중시하고 양부모를 업신여기기까지 한다. 풍속이 각박하기가 이 지경에 이르렀으니 한탄스럽도다."

又曰 世人利人之財爭欲繼爲〈草本爲繼〉後 旣爲其後 則事生喪制等事 反致重於所生之親 而視所後蔑如也 風俗薄惡 一至於此 可歎

마을 사람 윤의정尹義貞이 부모상을 치르면서 황장목黃腸木[34]을 베어서 널을 만들었다.

선생께서 이에 대해 다음과 같이 말씀하셨다.

"아무리 부모상을 후하게 치르고 싶더라도 어찌 벌채가 금지된 나무를 벨 수 있단 말인가?"

그러면서 '시어머니의 것을 헐어서 며느리에게 주었다'는 고사[35]를 인용하여 꾸짖었다.

鄕人尹義貞 伐黃腸木爲槨 以葬其親 先生曰 雖欲厚葬其親 豈可伐禁木乎 乃引虧姑成婦事以責之

34) 궁궐 건축이나 왕족의 관 재료로 쓰이는 질 좋은 소나무.

35) 시어머니의 널을 며느리에게 쓴다는 고사는 『좌전左傳』에 보인다. 처음에 제강齊姜의 시어미 목강穆姜은 사람을 시켜서 아름다운 수영나무를 골라서 자기가 죽은 뒤에 쓸 널을 만들게 하였다. 그 뒤에 제강이 죽자 계문자季文子는 그 관으로 제강을 장사했다. 군자가 이 말을 듣고 "그것은 예가 아니다. 시어미의 것을 헐어서 며느리를 이루어 주었으니, 이보다 더 예에 거슬리는 일은 없다"라고 하였다.

다음과 같이 여쭈었다.

"시제 때 제물을 오른쪽부터 차리는 것은 무슨 까닭입니까?"

선생께서 말씀하셨다.

"신령의 길은 오른쪽을 높게 보기 때문이다. 왼쪽은 양이고 오른쪽은 음이다. 오른쪽을 숭상하는 까닭은 신령의 길이 음에 속하기 때문이다."

問 時祭奠物 右陳何也 先生曰 神道尙右故也 蓋左爲陽 而右爲陰 所以尙右 神道屬陰故也

다음과 같이 여쭈었다.

"할아버지나 아버지가 윤달에 돌아가신 경우, 돌아가신 해의 윤달을 다시 만나면 그 윤달에 제사를 지냅니까?"

선생께서 말씀하셨다.

"윤달은 바른 달이 아니다. 제사는 보통 바른 달에 지내는데, 이 해에만 돌아가신 해의 윤달이라고 해서 제사를 지내는 것은 온당하지 않은 것 같다. 제사는 바른 달에 지내고, 그 윤달의 돌아가신 날에는 몸과 마음을 깨끗이 하되 제사는 지내지 않는 것이 마땅한 듯하다."

問 祖考之終在閏月者 復遇亡歲之閏月 則行祭於閏乎 先生曰 閏非正月 人之行祭 常以正月 獨於是歲依亡歲之月而祭 似未穩 祭則依常月行之 於閏月亡日 則齊素而不祭 似當也

다음과 같이 여쭈었다.

"제례에 대하여 『오례의五禮儀[36]』를 살펴보니, 제사 음식의 그릇 수가 높은 벼슬아치부터 일반인들에 이르기까지 각각 품계가 있습니다. 품계에서 정한 숫자를 절대로 넘을 수 없는 것입니까?"

선생께서 말씀하셨다.

"제사 지내는 이의 이름과 직위에 분수가 있으니, 제사 지내는 예도 그 분수를 따르는 것이 옳다. 다만 『오례의』에도 따르기 어려운 것이 있다. 제사 음식에 말린 고기, 식혜, 과일은 너무 많고 생선이나 고기 종류는 너무 적다. 집안에서 생선이나 고기는 여기저기서 오히려 쉽게 준비하지만, 식혜, 말린 고기, 과일은 어찌 늘 많이 마련해둘 수 있겠는가? 내 생각에 예법을 반드시 모두 따를 필요는 없고, 집안 형편에 따라 제사를 지내는 것도 괜찮을 듯하다. 다만 지나치게 분수를 넘는 데에 이르지는 말아야 할 것이다. 그리고 그릇 수도 너무 많으면 안 된다. 너무 많으면 더럽히게 되고 깨끗하게 다루지 못하게 된다."

問 祭禮考五禮儀 則祭饌器數 自卿大夫至士庶人 各有其品 品數之外 斷不可越否 先生曰 祭者之名位有分 祭禮亦隨其品 可也 但五禮儀亦有難從者 饌品 脯醢果則最多 而魚肉之膳極少 人家魚肉 隨所得猶可易備 醢脯果則豈能常畜之多乎 愚意不必盡從其禮 雖稱家有無而祭之 恐亦無妨也 但不至僭越 可也 且器數不可極煩 煩則瀆 又不能致潔耳

36) 조선 전기 국가의 기본 예식인 오례, 곧 길례吉禮·가례嘉禮·빈례賓禮·군례軍禮·흉례凶禮의 의식 절차를 규정한 예서이다. 세종 때 편찬을 시작하여 성종 때 완성했다. 이 책은 왕실을 중심으로 국가의 기본 예식이 규정되어 있으며, 사대부와 일반인에 대한 예식도 부수적으로 규정되어 있다.

다음과 같이 여쭈었다.

"요즘 세상의 풍습을 보면 고조부의 제사를 지내지 않는 사람이 많습니다. 어떤 이들은 기일에 술을 마시고 고기를 먹기도 하며 심한 경우에는 잔치를 즐기기까지 하니 놀랍습니다."

선생께서 말씀하셨다.

"고조부는 상복을 입는 가까운 사이인데 어찌 제사를 지내지 않을 수 있겠느냐? 정자程子[37]와 주자도 제사를 지냈음은 예문을 살펴보면 찾아볼 수 있다. 하지만 지금의 제도가 그러하니 어찌 저들이 제사를 지내지 않는다고 나무랄 수 있겠느냐? 다만 자기 스스로 도리를 다할 뿐이다."

問 世俗多不行高祖之祭 忌日或飮酒食肉 甚者至預於宴樂 可駭 先生曰 高祖乃有服之親 何可不祭 程朱已行之 考諸禮文可見 然時王之制 如此 何可責彼之不行 但當自盡而已

37) 정자는 북송대의 학자인 정호(1032~1085)와 정이(1033~1107)를 가리킨다. '이정二程'이라고도 불리는 두 사람은 친형제였다. 형인 정호는 자가 백순伯淳이며 명도선생明道先生으로 불리었고, 동생인 정이는 자가 정숙正叔이며 이천선생伊川先生이라고 불리었다. 두 사람은 오랫동안 낙양에서 가르쳤기 때문에 그들 학파를 '낙학洛學'이라고 부른다. 주자는 도학을 창시한 인물로 주돈이, 장재와 아울러 이 두 사람을 꼽았다. 이처럼 정자는 송대 성리학의 주류를 대표하는 사상가이다.

다음과 같이 여쭈었다.

"어떤 사람의 양자가 되어 양어머니의 복을 입었는데, 3년상을 마치고 담제[38]를 지내려던 찰나 다시 양어머니의 부모상을 만나게 되면 담제를 지낼 수 있습니까?"

선생께서 말씀하셨다.

"지낼 수 없다. 양자가 되었다는 것은 그 사람의 아들이 된 것이므로, 양어머니의 부모는 곧 자기의 외조부모인 것이다. 어찌 3년상을 마치는 제사를 지낼 수 있겠느냐? 상복 입는 기간이 다하기를 기다렸다가 따로 날을 잡은 다음 제사를 지내는 것이 정서나 예문에 비추어 합당한 듯하다. 『예기』에 '양자가 된 이의 처는 자식과 같다' 하였으니 담제를 지낼 수 없음을 알 수 있다."

問 爲人後者 服養母服 服闋 將行禫 又遭養母父母喪則可行禫否 先生曰 不可 爲人後者爲人子 則養母之父母 是吾外祖父母也 豈可行吉 待服盡 則擇日後行之 似合情文 記曰 爲所後者妻若子云 則其不得行禫 可知矣

38) 3년상을 마치고 상주가 평상으로 되돌아감을 고하는 제사 의식.

다음과 같이 여쭈었다.

"큰아들은 참으로 아내의 부모 제사를 지낼 수 없습니다. 그러나 큰아들이 아니면서 사위가 된 이는 사당을 세우고 제사 지낼 수 있습니까?"

선생께서 말씀하셨다.

"큰아들로서 외동딸과 결혼해서 사위가 되면 아주 거추장스럽고 난처한 일이 있을 것이다. 무릇 처가에 후손이 없고 뒤를 이을 양자도 없으면 당연히 내가 제사를 모셔야 하지만, 스스로 종손으로서 제사를 이어받는 집안이 둘이 될 수는 없다. 요즈음 사람들 가운데에는 같은 사당에 모시고 제사를 지내는 경우도 있는데, 이처럼 근본이 둘이 되는 경우는 너무 심해서 말할 것도 없거니와, 비록 따로 사당을 세우더라도 근본이 둘이 되는 잘못을 면할 수 없다. 그러니 난처하지 않겠느냐? 어쩔 수 없이 이런 경우를 당하였다면, 아내쪽 친척 가운데 한 사람을 택해 노비를 나누어 주고 제사를 주관하도록 하는 것이 옳을 것이다."

問 長子固不可祭妻父母 衆子而爲人壻 可立祀祭之否 先生曰 人之長子 爲人獨女之壻 則事大有妨碍而難處者 蓋彼無後 又無繼後之子 則我當祭之 而身承大宗祀 不可二之也 今人或同一祠而祭之 其二本甚矣 固不足道也 雖別立廟 亦未免二本之失 宜其處不亦難乎 但不幸而遇之 則當擇其妻族之親 分臧獲 使主祀可也

論何避先生曰在南冥則當如彼在我則亦當如是以吾之不可學柳下惠可不亦宜乎

先生居鄉凡謫從征賦以先下戶而輸之未嘗有違稽里胥亦未知為達官家嘗出坐溪邊嗇夫來告曰今年柏林之禁進賜戶當之先生笑而不答蓋柏林在溪東今先生戶守之

鄉人志學者或恥品官之列先生曰鄉父兄宗族之所在矣以隨行為恥何意或曰門地卑微者居右榜

출처

出處

벼슬길에 나아가고 물러나는 도리

"일찍이 벼슬길에 나가는 세상 사람들을 보니 마치 개미떼가 양고기 누린내를 좋아하여 몰려드는 것 같았다. 벼슬을 얻어도 걱정, 잃어도 걱정하는 모습이 말씨나 표정에 드러나기까지 하니, 참으로 비루해 보였다. 나도 평생 여러 가지 벼슬자리를 거쳐 왔지만 바라서 얻은 자리는 하나도 없었다."

선비라면 누구나 조정에 나서서 마음속에 품은 높은 뜻을 펼쳐 보리라는 이상을 가지고 있었다. 동시에 자신의 뜻을 펼칠 수 없을 때 세상과 타협하지 않고 자신만의 원칙을 지키겠다는 결기 또한 선비의 중요한 덕목이다. 『논어』「태백泰伯」편에서는 "천하에 도가 있으면 나아가고 도가 없으면 숨어든다" 했고, 『맹자』「등문공滕文公 하下」편에서는 "뜻을 얻으면 그 뜻을 백성들에게 펼치고, 뜻을 잃으면 홀로 그 도를 실천한다" 했다. 이것이 바로 벼슬길에 나아가고 물러가는 도리이다.

하지만 실제로 벼슬길에 나섰다가 천하에 도가 없으니 물러나야겠다고 드러내놓고 말할 수는 없는 노릇이다. 그것은 당시 임금에게 반역보다도 더 큰 모욕이 될 것이기 때문이다. 그렇기 때문에 한 번 벼슬길에 발을 내딛고 나면, 임금의 은혜에 보답한다고 머리를 주억거리며 자리를 지키지 않을 수 없게 되는 것이다. 게다가 임금이 허락하지 않으면 나이가 들어서 은퇴하는 것조차 마음대로 하기 어려웠다.

게다가 퇴계가 보기에 당시 조선의 제도는 가장 깨끗하고 중요하다는 청요직인 언관言官이나 사관史官조차도 스스로의 신념과 양심에 따라 일을 처리하기 어려운 형편이었다. 언관은 스스로의 판단에 따라 임금에게 상소해야 마땅하지만 홀로 목소리를 낼 길이 없었고, 사관은 제각기 스스로 보고들은 내용을 사초로 남기는 것이 아니라 아랫사람 한 사람이 일을 도맡아하는 형편이었다.

그렇기에 퇴계는 늘 벼슬길에 나아가는 도리보다는 물러나는 도리를 강조했다. 임금의 은혜에 보답하는 길은 부를 때마다 성실하게 나오는 것이 아니라, 나아가고 물러가는 명분과 의리에 맞게 자신의 길을 선택하고 실천하는 것이라고 했다. 그는 물러나는 도리를 말로만 한 것이 아니라 직접 실천하기도 했다. 퇴계는 명종이 세상을 떠나고 장례가 마무리되기도 전에 벼슬이 갈리는 틈을 타서 임금에게 하직 인사도 없이 서울을 떠난 적이 있었다. 그것은 당시 사람들을 깜짝 놀라게 했고 제자들조차 어떻게 받아들여야 할지 고민하게 만들었던 행동이었다. 의리에 비추어 보아 물러나야 한다면 설사 임금이 붙잡으며 허락하지 않더라도 떠나는 것이 옳다는 소신이 실천되던 순간이었다.

선생께서 일찍이 세상 사람들이 명예와 이익에만 빠져 있다는 데에 말씀이 미치시자, 거듭 한탄하고 아쉬워하시면서 자리를 같이한 이들에게 두 손을 가지런히 모으고 말씀하셨다.

"우리 동지들도 모름지기 이런 마음이 있나 준열하게 되돌아보아 소인으로 떨어지는 일이 없도록 해야 할 것이다."

嘗語及世之沒於名利者[39] 反覆歎惜 拱手謂在座曰 凡我同人 須猛省此心 勿爲小人之歸可乎

39) 『퇴계어록』에는 世之沒溺於利者로 되어 있으나 『학봉집』을 참조하여 고쳤다.

누가 다음과 같이 여쭈었다.

"벼슬에 나아간 이가 조급하게 승진하려는 마음을 품게 된다면 아비나 임금을 시해하는 일조차도 모두 여기서 비롯하여 길들여져 나갈 것입니다."

선생께서 말씀하셨다.

"그렇다. 일찍이 벼슬길에 나가는 세상 사람들을 보니 마치 개미떼가 양고기 누린내를 좋아하여 몰려드는 것 같았다. 벼슬을 얻어도 걱정, 잃어도 걱정하는 모습이 말씨나 표정에 드러나기까지 하니, 참으로 비루해 보였다. 나도 평생 여러 가지 벼슬자리를 거쳐 왔지만 바라서 얻은 자리는 하나도 없었다."

某曰 仕進者 若有躁進之心 雖弑父與君 皆由此馴致矣 先生曰 然 嘗見世之進取者 蟻慕羊羶 患得患失之態 至發於言辭面目之間 可鄙之甚 予平生踐歷亦多 未嘗有希冀得之者

"우리나라 언론의 통로가 넓지 못한 것은 사헌부의 관리들이 중요한 일을 의논해서 처리하는 완석完席의 제도[40] 때문이며, 사관史官이 직무를 저버리는 것은 아랫사람에게 일을 맡겨 조사曹司에게만 일이 몰리게 되어 있기 때문이다.[41]

간언하는 관리는 임금의 눈과 귀가 되어 마땅히 스스로 보고 들은 바를 아뢰어야 하는데, 반드시 완석에서 의견을 모은 다음에야 아뢰니, 의견이 모이지 않으면 비록 올바른 주장이 있어도 실현될 수가 없다. 그 해악이 어찌 크지 않겠는가? 옛날에는 아래로 온갖 장인들에 이르기까지 각자 자신이 맡은 소임에 대해 간언할 수 있었다. 그때에 어찌 완석이라는 제도가 있었겠느냐?

또한 사관은 수가 많은데도 하번下番 한 사람에게만 내맡기고 있다. 한 사람의 견해가 반드시 다 옳을 수 없는데, 그나마 바르게 적은 것도 때때로 윗사람의 뜻과 맞지 않으면 지워지고 만다. 후세에 길이 전해야 할 역사 기록이 이처럼 너무나 엉성하니 한심하다고 하지 않을 수 없다."

또 다음과 같이 말씀하셨다.

"일찍이 실록 편찬을 담당하는 실록청實錄廳에 들어갔다가 그날그날 중요한 정사를 기록한 시정기時政記를 보았더니, 실제로 조정에서 내는 소식지인 조보朝報의 내용과 다른 것이 거의 없었다."

我朝言路不廣 以有完席也 信史之失職 以有曹司也 諫官爲人主耳目 當各以所聞見論啓 而必設完席僉議然後方啓 議若不合 雖有正論亦不得行 其爲害豈不大哉 古者下至百工 各執藝以諫 亦何嘗有完席乎 史官多而委置於下番一人 所見不必皆正 而直筆時或爲右位不同志者所抹去 萬世信書 草草已甚 可爲寒心 又曰 嘗入實錄廳 見時政記 其實異於朝報者無幾

40) 원의석圓議席 또는 완의석完議席이라고도 한다. 조선시대 사헌부의 관헌들이 업무를 처리할 때 차례대로 둘러 앉아, 주변을 물리치고 중요한 일을 의논했던 관행을 가리킨다. 퇴계는 사헌부 관헌 개인의 소신에 따라 언론 활동을 하지 않고 모여서 의견을 모으는 태도를 비판했다.

41) 조선시대 사관이라 하면 넓게는 춘추관의 수찬관, 편수관, 기주관, 기사관의 임무를 겸하는 조정의 관리들을 가리키지만 좁게는 기사관을 겸하여 맡았던 예문관藝文館의 봉교奉教·대교待教·검열檢閱을 말한다. 일반적으로 사관이라 할 때는 협의의 사관을 의미하였다. 퇴계는 이들 사관이 모두 자신이 보고 들은 것을 기록하여 역사 기록을 남겨야 하는데도, 가장 말석의 조사에게만 그 일을 내맡겨, 사관의 기록이 행정 문서와 다를 바 없게 된 현실을 비판했다. 조사는 관청에서 가장 아랫자리를 차지하고 있는 사람을 가리킨다.

다음과 같이 여쭈었다.

"벼슬하는 이가 의리상 마땅히 물러나야 되면, 만약 임금이 굳이 붙잡더라도 물러나는 상소를 올리고 명령을 기다리지 않은 채 곧바로 떠날 수 있는 것입니까?"

선생께서 말씀하셨다.

"두범杜範은 송宋나라 이종理宗 때 사람이다.[42] 참정參政 벼슬에 있었는데, 자신의 말을 써주지 않는다고 상소를 올려 물러나기를 청했다. 황제가 간곡하게 머물라고 하였으나 두범은 힘써 청하기를 그치지 않았다. 그러자 황제는 성문을 닫고 두범이 나가는 것을 허락하지 말라고 명령하였다. 이것은 아마도 두범이 명령을 기다리지 않고 곧바로 떠나려 했기 때문이었다. 범순인范純仁은 귀양살이에서 풀려나 돌아오던 길이었는데, 중간에 휘종徽宗이 사람을 보내어 벼슬자리에 불렀다.[43] 그러자 범순인은 늙고 병들었다는 이유로 사양하고 곧장 시골로 돌아가버렸다. 원元나라의 오징吳澄은 도성을 떠나던 날, 황제에게 사직을 청하지도 않고 곧장 떠나버렸다.[44] 황제가 사신을 보내 뒤쫓았으나 따라잡지 못했다. 이런 것들로 본다면 옛사람들도 임금의 명을 기다리지 않고 떠났다."

問 仕宦者義有當退 而君若固留之 亦可拜疏而不待命徑去否先生曰 杜範理宗時人 爲參政 以言不用 抗疏請退 帝懇留之 範猶力請不已 帝命閉城門 不許範出 範蓋欲不待命而徑去故也 范純仁自謫所放歸 中途 徽宗遣使召之 純仁辭以老病 直還田里 吳澄去國之日 不請而徑去 帝遣使追之不及 以此觀之 古人亦有不待命而去者

42) 두범은 주자의 제자로서, 조정에서 바른 말을 잘했던 것으로 유명하다.

43) 범순인(1027~1101)의 자는 요부堯夫, 시호는 충선忠宣이며, 북송 때의 유명한 정치가 범중엄范仲淹(989~1052)의 아들이다.

44) 오징(1249~1333)의 자는 유청幼淸, 호는 초려草廬이며, 남송에서 원에 걸치는 시기의 사람이다. 그는 허형許衡과 더불어 원대의 대표적인 유학자로서 '남쪽의 오징, 북쪽의 허형[南吳北許]' 이라고 일컬어졌다.

일찍이 배우는 이들에게 이렇게 말씀하셨다.

"옛날에는 나이가 들면 벼슬에서 은퇴하는 치사致仕의 예가 있었는데, 이는 염치를 높이고 절의를 권장하려는 것이었다. 송나라 때에 와서는 아직 은퇴할 나이가 되기도 전에 벼슬에서 물러나는 것을 허락하여 그 뜻을 이루어주었다. 선비를 대우하는 도리에 예의가 있었다고 할 것이다. 후세에는 이러한 길이 꽉 막혀, 한번 이름을 날려 벼슬자리의 굴레에 얽혀들고 나면 다시는 물러나는 허락을 받을 기약이 없으니 참으로 한탄스럽다."

嘗謂學者曰 古有致仕之禮 所以崇廉恥厲節義者也 至如宋時 雖不及致仕之年 亦許恬退 以遂其志 其待士之道 可謂有禮矣 後世此路榛塞 一入名韁 更無許退之期 可勝歎哉

상론

尚論

옛 선비들의 학문을 평론함

"조광조는 타고난 자질이 정말로 아름다웠으나 학문의 힘이 갖추어지지 못하여 시행한 바가 너무 지나쳤다. 그렇기 때문에 사업이 끝내 실패하고야 말았다. 만약 학문의 힘이 이미 갖추어지고 덕성의 도량이 완성된 뒤에 벼슬길에 나와 세상일을 맡았더라면 이룩한 바를 쉽게 헤아릴 수 없었을 것이다."

퇴계가 앞선 학자들을 논평하는 기준은 무엇보다도 그 '학문'의 내용이었다. 대개 선대의 유학자를 평가하는 기준으로는 학문 말고도 '덕성'을 꼽을 수 있다. 학문적 성취를 알 수 있는 저작들이 여러 가지 이유로 전해지지 않더라도, 그들이 보여준 절개나 의리, 덕행만으로 성현으로 추앙받게 되는 경우가 있다. 아니면 아무리 학문적 성취가 뛰어나다 하더라도, 떳떳하지 못한 행동을 저질렀다거나 옳지 못한 권력에 굴복하거나 빌붙은 이들에 대해서는, 평가가 보잘것없을 수밖에 없다.

그렇지만 퇴계의 기준은 덕성보다는 학문 쪽으로 더 기울어져 있다. 그것은 당시 퇴계가 맞닥트린 현실과 관련이 있다. 당시 사림에 의해 조선 도학의 정통이라고 인정받고 있던 이들은 포은 정몽주, 야은 길재, 점필재 김종직, 한훤당 김굉필, 정암 조광조였다. 이들은 모두 신하로서, 그리고 선비로서 절개를 지키기 위해 목숨을 버렸거나 세상을 등진 사람들이었다. 따라서 그들의 학문이 어떠했는지를 전하는 자료가 거의 남아있지 않았다. 하지만 그들은 자신들이 지키고자 하는 가치를 위해 지위를 버리고 목숨을 바친 행동 그 자체로 성현의 지위를 인정받았다.

퇴계 또한 이들의 행동이 추앙받을 만한 것이라는 데에 이견이 없었다. 그러나 그는 그것이 다가 아니라고 생각했다. 퇴계는 조광조가 그토록 탁월한 덕행을 보였으면서도 결국 기묘사화라는 실패에 이르고 말았다는 사실에 대해 깊이 고민했던 것 같다. 그러면서 그는 조광조의 인품이나 능력에 대해 대단한 존경을 보이면서도, 그가 학문을 완성하지 못한 채 개혁에 나서는 바람에 결국 개혁이 실패에 이르고 말았다는 모진 평가를 내렸다. 퇴계는 조광조의 학문이 조금 더 성숙했었다면 결코 그가 그토록 참담한 실패에 이르지 않았을 것이라고 생각했던 것이다.

이런 맥락에서 퇴계는, 학문이 어떠했는지 제대로 알지 못하는 상황에서, 세간의 평판만으로는 그 누구도 성현으로 인정할 수는 없다는 태도를 보인다. 퇴계의 관점에서는 정치적으로 아무리 훌륭한 업적을 세운 사람이라 할지라도 학문적으로 도학의 흐름을 이끌지 못했다면 그것은 만족스럽지 못한 것이었다. 이러한 퇴계의 평가는 당시로서는 아주 새롭고 독특한 것이었다.

퇴계는 이러한 태도를 중국의 성현을 평가할 때도 적용했다. 퇴계는 자신의 학문적 경향과 서로 통하는 점이 있는 연평 이동을 높게 평가하였다. 그리고 맥이 끊어질 위험에 놓였던 성리학의 전통을 이었다는 것을 높이 사서 허형에 대한 비난에 동의하지 않았다. 허형은 오랑캐의 왕조인 원나라 조정에 나아가 높은 벼슬까지 받았던 행적 때문에 후세에 자주 비난받았다. 그러나 그는 스스로 훌륭한 성리학자였을 뿐만 아니라 원나라가 성리학을 받아들여 과거를 비롯한 각종 제도를 갖추게 하는 데 큰 공을 세웠다.

"정자의 후예인 연평 이동은 배우는 이들에게 기쁨·성냄·슬픔·즐거움이 피어나지 않았을 때 기의 모습을 살펴보라고 했다. 무릇 연평 학문의 요지는 모두 여기에 있다."

또 말씀하셨다.

"연평의 학문은 투명하며 깊고 넉넉한 경지를 깨달아 얻었으니 그 기상이 얼음 항아리나 가을 달과 같았다."

程子後 李延平使學者 見喜怒哀樂未發時氣像 大抵延平之學 皆在於此 又曰 延平之學 已覺得通透冲裕處 故氣象如氷壺秋月

또 말씀하셨다.

"고요히 앉아서 마음을 맑게 하여 하늘의 이치를 몸으로 안다는 연평 이동의 설은, 글을 읽고 이치를 궁리하는 방법을 배움에 있어 가장 중요하다."

又曰 延平默坐澄心 體認天理之說 最關於學讀書窮理之法

허형許衡이 벼슬길에 나아가고 물러갔던 것에 대해 여쭙자, 선생께서 다음과 같이 말씀하셨다.[45)]

"경산瓊山 구준丘濬[46)]의 무리는 모두 허형이 원나라를 섬긴 것을 잘못이라고 비난했다. 다만 그때는 오랑캐가 오히려 중화의 주인이라, 하늘의 이치와 백성의 도리 그리고 나라의 제도와 문화가 완전히 끊어져 거의 다 사라지려 하고 있었다. 하늘이 허형을 낸 것은 우연이 아닌 듯하니, 허형이 만약 홀로 선을 지키며 세상을 잊었다면 과연 하늘의 이치는 누가 밝히고 백성의 도리는 누가 바로 세울 것인가? 천하가 끝내 오랑캐가 되어 구할 수 없었을 것이다. 내가 보건대 허형이 세상을 위해 벼슬길에 나간 것은 의리를 해치는 것 같지 않은데, 성현이 다시 세상에 나와 그것을 논한다면 뭐라고 할지 모르겠다."

問許衡出處 先生曰 丘瓊山輩皆詆事元之非 但此時夷猶主華天理民彝 典章文物 絶滅殆盡 天之生衡 似非偶然 衡若獨善 而果於忘世 則天理誰明 民彝誰正 天下其終爲左衽而莫之救矣 以愚觀之 衡之爲世而出 似不害義 未知聖賢復出 則其論如何耳

45) 허형(1209~1281)의 자는 평중平仲이며 원대의 대표적인 유학자이다. 그는 34세 때 은거하고 있던 요추姚樞를 만나 비로소 성리학에 입문하였다. 이후 원나라 조정의 고위 관직에 올라, 원이 한화정책을 추진하고 유학을 존숭하도록 하는 데 큰 역할을 했다. 이 때문에 허형은 유학의 도통이 원대에도 끊어지지 않게 한 공로가 있다는 평가를 받는 것이다.

46) 구준(1418~1495)은 경산瓊山 사람으로 자는 중심仲深이고 호는 심암深菴이다. 명대 전기의 대표적 성리학자 가운데 한 사람으로, 조선시대 경연의 교재로 널리 쓰였던 『대학연의보大學衍義補』의 저자이다.

일찍이 말씀하셨다.

"명나라 학자들은 대체로 불교와 비슷한 맛이 나는데, 문청공文淸公 설선薛瑄[47]만은 참으로 성현의 제대로 된 가르침을 얻었다."

또 말씀하셨다.

"문청공의 학문은 평생토록 힘쓴 것이 모두 공경敬 하나에 있다."

嘗曰 皇明學者 皆有蔥嶺氣味 獨文淸眞得聖賢宗旨 又曰 文淸之學 平生用工 都在敬字上

47) 설선(1389~1465)은 자가 덕온德溫이고 호는 경헌敬軒이다. 명대 전기의 성리학자로 오랫동안 관직에 몸을 담고 있었다. 뒤에 문청文淸이라는 시호를 받았다.

"포은圃隱 정몽주鄭夢周[48]와 야은冶隱 길재吉再[49]가 벼슬에 나아간 처신을 보면 알 수 없는 곳이 있다. 우왕과 창왕을 신돈의 아들이라고 했으면서 두 분은 어찌하여 끝내 그들에게 몸을 맡긴 채 떠나지 않았는가? 이것이 매우 의심스럽다."

鄭圃隱吉冶隱出處 有不可知處 禑昌旣爲辛氏 則二公緣何終始委質而不去也 是甚可疑

48) 정몽주(1337~1392)의 자는 달가達可, 호는 포은이다. 고려 말의 성리학자로 '동방 이학의 시조'라는 칭호를 받았다. 고려의 개혁 정책에 힘을 보태었으나, 조선의 건국에 반대하다가 개성의 선죽교에서 살해되었다.

49) 길재(1353~1419)의 자는 재보再父, 호는 야은이다. 고려 말에 이색, 정몽주, 권근 등에게서 성리학을 배웠다. 고려가 망하고 조선이 건국되자 벼슬을 버리고 고향 선산으로 돌아가 제자를 키우는 데 힘썼다. 뒤에 친분이 있던 이방원이 불러 벼슬을 주려 했으나 두 임금을 섬기지 않는다며 사양하였다.

일찍이 다음과 같이 말씀하셨다.

“조광조趙光祖[50]는 타고난 자질이 정말로 아름다웠으나 학문의 힘이 갖추어지지 못하여 시행한 바가 너무 지나쳤다. 그렇기 때문에 사업이 끝내 실패하고야 말았다. 만약 학문의 힘이 이미 갖추어지고 덕성의 도량이 완성된 뒤에 벼슬길에 나와 세상일을 맡았더라면 이룩한 바를 쉽게 헤아릴 수 없었을 것이다.”

嘗曰 趙光祖天資信美 而學力未充 其所施爲 未免有過當處 故終至於敗事 若學力旣充 德器成就 然後出而擔當世務 則其所就未易量也

50) 조광조(1482~1519)의 자는 효직孝直, 호는 정암靜菴이다. 어천찰방이던 아버지를 따라가 당시 희천에 유배중이던 김굉필에게서 배웠다. 과거 급제 뒤 중종의 특별한 신임을 받았다. 정국공신의 삭제를 비롯한 과감한 개혁을 추진하였으나, 훈구파의 반발과 국왕의 의심으로 유배되었다가 죽음을 당하였다. 이 사건이 바로 기묘사화이다.

또 말씀하셨다.

"요순시대의 임금과 백성에게 군자의 뜻을 편다고 해도, 때를 살피고 힘을 재지 않고서야 어찌 성공할 수 있겠는가? 기묘년 정치의 실패는 바로 이에 해당한다. 그때 정암 조광조는 그 일이 실패할 것을 이미 깨닫고 자못 스스로 개혁의 주장을 낮추고 누르려 했다. 그러나 여러 사람들이 도리어 그것을 잘못이라고 하면서 창끝을 돌려 서로 찌르려고 하는 데까지 이르렀으니, 정암도 어쩔 수 없었을 것이다."

又曰 堯舜君民 雖君子之志 豈有不度時不量力 而可以有爲者哉 己卯之失政 應此也 當時趙靜庵則已覺其敗事 頗自損抑 而諸人反以爲非 至欲倒戈相攻 靜庵蓋無如何耳

"한훤寒暄 김굉필金宏弼[51] 선생은 남아있는 저술이 없고 또한 밝힐 만한 문헌도 없어서 그 학문의 경지가 얼마나 깊은지 알 수 없다. 지금 〈천곡서원川谷書院〉에서 정자와 주자의 제사를 받들면서 한훤당을 배향配享하는데, 아마도 '배配' 자의 뜻은 그처럼 가볍지 않은 듯하다. 공자의 사당인 문묘에도 단지 안자顔子, 증자曾子, 자사子思, 맹자孟子만을 배향하고, 나머지는 공자의 직계 제자인 공문십철孔門十哲에 해당하는 분들이라도 모두 본전 안에서 종사從祀한다고 일컬었다. 그리고 정자나 주자 같이 위대한 현자도 오히려 본전이 아닌 문묘의 양무에 모시고 종사한다고 일컬었다. 이것으로 살펴보건대 '배' 자와 '종從' 자 사이에는 상당한 거리가 있다. 한훤당의 학문이 비록 서원의 사당에 들어가기에 부끄럽지 않다 해도 그저 좇아서 제사를 받든다[從祀]고 일컬을 따름이지 짝하여 제사를 올린다[配享]고는 하지 않는 것이 옳다. 이런 뜻으로 서원에 통문을 보내는 것이 좋겠다."

또 말씀하셨다.

"한훤당의 학문은 비록 실천이 돈독하기는 했지만, 학문을 연마하는[道問學] 공부에는 미진한 점이 있는 것 같다."

일찍이 『추강냉화秋江冷話』[52]를 보시고는 탄식하시며 말씀하셨다.

"우리나라에는 밝힐 만한 문헌이 없어서 옛사람들의 말씀과 행동, 평생에 힘쓰셨던 것이 사라져버리고 전하지 않는다. 이만한 글이 남아있는 것도 쉽지 않다."

寒暄先生之學 旣無著述 又無文獻之可徵 其造詣淺深 未可知也 今川谷書院中 尊祀程朱 而以寒暄配享 恐配字之義 未可輕也 文宣廟中只以顏曾思孟配享 而其餘雖在十哲之科者 皆稱殿內從祀 程朱大賢猶列於兩廡 而稱從祀 以此觀之 配與從字有間矣 寒暄之學 雖無愧於入廟 只稱從祀 而不稱配享 其可乎 此意通于院中 可也 又曰 寒暄之學 踐履雖篤 而於道問學工夫 恐有未盡也 嘗閱秋江冷話 歎曰 東方文獻無徵 昔人言行事業 泯滅無傳 如此文字 亦甚不易

---

51) 김굉필(1454~1504)의 자는 대유大猷, 호는 한훤당寒暄堂이다. 무오사화 때 김종직의 제자라고 하여 평안도 희천에 유배되었다가 갑자사화 때 처형되었다. 희천에 유배되었을 때 조광조에게 학문을 전수하였다.

52) 『추강냉화』는 남효온南孝溫이 남긴 작품이다. 남효온(1454~1492)은 자가 백공伯恭, 호는 추강秋江이다. 문종비 현덕왕후의 소릉을 복위해야 한다는 상소를 올렸는데, 상소가 받아들여지지 않자 세상에 나서지 않고 유랑하다가 병사하였다. 갑자사화 때 김종직의 문인이라 하여 부관참시를 당했다.

또 말씀하셨다.

“기묘년의 인재들은 그냥 저절로 키워진 것이 아니다. 그런데도 개혁을 너무 급하게 추진하다가 사림의 화를 불러오고 말았다. 오늘날처럼 인재가 부족한 때에 함부로 일을 꾸미다가는 실패하지 않는 경우가 드물 것이다.”

又曰 己卯人才 誠非偶然 而更張無漸 致有士林之禍 若人物藐然 而妄作爲 鮮有不敗者

또 말씀하셨다.

"일찍이 중종中宗 때 성균관에서 알성례謁聖禮[53]를 행할 때에 멀리서 정암을 바라보았는데, 걸음걸이가 차분하고 겉모습이 본받을 만하였으니, 한눈에 그 사람됨을 알 수 있었다."

又曰 嘗於中廟謁聖 望見靜庵 步趨翼如 儀表可象 一見可知其爲人也

53) 임금이 성균관에 행차하여 문묘의 공자 신위에 참배하는 의식.

또 말씀하셨다.

"조원기趙元紀나 조광림趙廣臨은 모두 올바른 사람이니,[54] 정암 조광조가 집에서 익힌 학문의 연원이 우연한 것이 아니다. 우리나라에 도학道學을 한 선비가 없지는 않았으나, 그것을 밝힐 문헌이 없으니 학문의 깊이를 좇아서 살필 수가 없다. 좨주祭酒 우탁禹倬[55]과 포은 정몽주는 시대가 너무 멀다. 한훤당 김굉필이나 일두一蠹 정여창鄭汝昌[56] 같은 유학자들에 이르러서는 이야기를 전해 들을 수 있을 정도로 가까운 시대인데도 연구할 자료가 없으니 참으로 안타깝다. 밝힐 수 있는 분들만 놓고 말한다면, 가까운 시대 사람인 회재晦齋 이언적李彦迪[57]의 학문이 무척 바르다. 그가 지은 글을 보면 모두 가슴속에서 흘러 나와 이치는 밝고 의리는 옳아서 하늘이 이룬 것처럼 흠이 없으니, 조예가 깊지 않고서야 이럴 수 있겠는가?"

又曰 趙元紀趙廣臨 皆善人也 靜庵家學淵源 亦非偶然 吾東方不無道學之士 而文獻無徵 其所造淺深 無從考見 禹祭酒鄭圃隱則遠矣 至如寒暄一蠹諸儒 近在傳聞之世 而亦不可尋 甚可歎也 以可徵者而言之 則近代晦齋之學甚正 觀其所著文字 皆自胸中流出 理明義正 渾然天成 非所造之深 能如是乎

---

54) 조원기는 조광조의 숙부이고, 조광림은 조광조와 사종형제가 되는 일가이다. 두 사람 다 문과에 급제하였다.

55) 우탁(1263~1342)의 자는 천장天章, 호는 백운白雲인데 사람들이 역동易東 선생이라 일컬었다. 고려 말 성리학이 처음 도입되었을 때 받아들였던 학자로 특히 정이程頤가 주석한 『역경』을 홀로 연구해서 학생들을 가르쳤다 한다. 성균좨주成均祭酒를 마지막으로 벼슬에서 물러났기 때문에 좨주로 불리기도 한다.

56) 정여창(1450~1504)의 자는 백욱伯勖, 호는 일두이다. 김굉필과 함께 김종직의 문하에서 학문을 연마하였다. 무오사화 때 종성으로 유배되었다가 죽었다. 갑자사화 때 부관참시를 당했다.

57) 이언적(1491~1553)의 자는 복고復古, 호는 회재이다. 중종 때 벼슬길에 나와 명종 즉위년에 좌찬성에 이르렀으나 을사사화로 벼슬에서 물러났고, 2년 뒤 '양재역 벽서사건' 으로 강계로 유배되었다가 그곳에서 세상을 떠났다. 그가 벌인 무극태극 논쟁은 조선시대 성리학 사상 최초의 본격적인 개념 논쟁이다. 이러한 논쟁은 퇴계에게도 영향을 끼쳤다. 그는 유배 중에 많은 저술을 남겼는데, 그 가운데 『진수팔규』는 도학의 입장에서 국가의 통치의 원칙과 체계를 제시한 경세론이다.

일찍이 회재 이언적이 귀양 간 곳에서 『진수팔규進修八規』를 지어서 올리려다가 뜻을 이루지 못하고 죽었다. 그의 서자庶子 이전인李全仁이 아버지의 뜻을 이루려 했다.

그러자 선생께서 다음과 같이 말씀하셨다.

"때에는 될 때가 있고 안 될 때가 있으며, 일에는 해야 하는 일이 있고 하지 않아야 하는 일이 있다. 지금은 때로 보나 일로 보나 모두 마땅하지 않다. 이로 말미암아 사단이 날지도 모르니, 벽장 속에 깊숙이 감추어 두는 것이 차라리 더 낫겠다."

그 무렵 윤원형尹元衡이 정권을 잡고 있었고, 명종의 의심도 다 풀리지 않은 때였으므로, 비록 이언적이 세상을 떠나면서 남긴 상소를 올린다고 해도 반드시 도움이 될지도 모르고 뜻밖에 환란이 닥칠 수도 있었기에, 선생께서 힘써 말렸던 것이다.

晦齋謫居 嘗草進修八規 欲上未果而卒 其庶子全仁 欲成先人之志 先生曰 時有可不可 事有宜不宜 以今觀之 時與事兩非其宜也 或因此惹起事端 亦未可知 不如深藏篋笥之爲愈也 蓋時尹元衡當國 而明廟之疑 尙未解 雖上遺疏 未必有益 而或致意外之患 故先生力止之

수행

粹行

선생의 남다른 행적

선생은 글을 읽을 때 바로 앉아서 단정하게 낭송했는데, 글자마다 뜻을 새기고 구절마다 의미를 생각하여, 아무렇게나 거칠게 책을 읽은 적이 없었다. 비록 한 글자, 한 획의 미세한 것도 그냥 지나치지 않았으니, 어魚를 노魯로 쓰거나 시豕를 해亥로 쓴 잘못까지도 반드시 찾아내고야 말았다.

보통 퇴계 선생 하면 우리는 학문이 높은 경지에 이르고 나이가 지긋한 노학자의 모습을 떠올리기 십상이다. 하지만 그에게도 우리처럼 미숙한 열정과 참담한 실패로 몸부림치던 젊은 시절이 있었을 것이다. 그가 젊었을 때 어떤 삶을 살았는지 엿볼 수 있게 해 주는 몇 가지 일화가 있다. 그것을 보면 퇴계가 어렸을 적부터 얼마나 깔끔하고 꼼꼼한 성격이었는지 여지없이 드러난다. 사소한 글을 쓸 때조차 글씨를 흘려 쓰는 법 없이 또박또박 바르게 썼다고 하고, 책을 읽을 때 비슷하게 생긴 틀린 글자까지 어김없이 찾아내었다고 하며, 선현의 이름을 자기 입으로 소리 내어 부를 수 없다 하여 '아무개' 로 대신해서 읽었다고 하니, 이런 이야기를 통해 우리는 그의 성격을 짐작할 수 있다. 그럼에도 어느 날 사냥을 나갔다가 돌아오는 길에 술에 취해 말에서 떨어지기도 했다고 하니 그 이야기 때문에 퇴계가 오히려 더 친근하게 느껴지기까지 한다.

퇴계는 어린 시절부터 숙부로부터 엄격한 유학 교육을 받았지만, 자신을 성리학의 길로 이끌어준 스승을 만나지는 못했다. 대신 그는 성리학 서적들을 자세히 연구하여 이전의 누구도 이르지 못한 학자로서의 경지를 개척했다. 그는 주자를 평생 깊이 존경하며 마음의 스승으로 받들었다. 하지만 그가 주자의 문집을 처음 본 것이 그의 나이 스물셋에 성균관에 유학했을 때였다. 그리고 나이가 많이 든 다음에도 매일 새벽 일어나자마자 외우곤 했다는 『심경부주』도 서른세 살 때에야 접할 수 있었던 책이었다. 퇴계는 스물이 넘어서야 비로소 자신을 학문의 길로 이끈 스승과도 같은 책들을 볼 수 있었다.

하지만 퇴계는 타고난 성품과 성실한 노력으로 그 책을 통해 자신의 길을 열어나갔던 것이다. 퇴계는 주자의 글을 읽고 또 읽었다. 주자의 문집은 하도 많이 읽어서 책장이 글자가 있는 부분까지 닳아서 없어질 지경이었다고 하니, 그가 얼마나 그 책에 의지했는지 알 수 있다. 주자를 신명과 같이 받든 퇴계의 학문적 경향은 이후 조선 성리학의 방향을 결정짓는 중요한 계기가 되었다.

선생께서는 온계리溫溪里에 있는 집에서 태어나셨는데, 선생의 어머니가 꿈에 공자孔子께서 문 앞에 오신 것을 보고 선생을 낳았다고 한다. 전해 들은 말이라 증거가 없으니 그저 여기에 적어 참고하도록 한다.

先生生于溫溪里第 大夫人夢見孔子臨門而生先生 出於傳聞 無可徵信 姑記于此 以備參考

또 말씀하셨다.

"젊을 때 숙부 송재공松齋公을 따라 안동安東에 갔었다. 〈이때 송재공이 부사府使가 되었다.〉 어느 날 사람들과 함께 들로 나가 사냥하며 놀다가 술에 취해 말에서 떨어졌다. 술에서 깬 다음 나 자신을 아프게 꾸짖으며, 경계하고 반성하는 마음을 잠시도 잊은 적이 없다. 지금도 그때 일을 생각하면 마치 어제 일 같이 떨린다."

又曰 少時從叔父松齋公于永嘉〈時松齋爲府使〉 一日與人遊獵于野 醉而墜馬 醒來痛自克責 警省之心 未嘗暫忘 到今思之 惕然若前日事

열예닐곱에 이미 학문에 뜻을 두었다. 일찍이 연못가 풀로 이은 정자를 두고 읊은 시가 있다.

이슬 머금은 풀 파릇파릇 물가에 둘러 나고
작은 못은 맑고 싱그러워 모래알 하나 없이 깨끗한데
구름 지나고 새가 나는 것이야 원래 자기 마음대로이나
다만 두려운 것은 때때로 제비가 차는 물결뿐

露草夭夭繞水涯
小塘淸活淨無沙
雲飛鳥過元相管
只怕時時燕蹴波

그 뜻이 매우 깊은데, 주자가 읊은 〈책을 읽다 든 생각觀書有感〉[58] 이라는 시와 같은 뜻이라고 한다.

十六七時 已志於學 嘗題池上草亭曰 露草夭夭繞水涯 小塘淸活淨無沙 雲飛鳥過元相管 只怕時時燕蹴波 其意深長 與觀書有感之詩 同其意云

58) 주자의 시 '책을 읽다 든 생각'은 다음과 같다.

반 뙈기 네모난 연못 한 거울처럼 열렸는데, 半畝方塘一鑑開
하늘빛과 구름 그림자가 함께 떠도네. 天光雲影共徘徊
묻노니 어찌 그리 맑은가? 問渠那得淸如許
근원에서 생수가 흘러나오기 때문이라네. 爲有源頭活水來
(『주희집』 2, 시, 관서유감觀書有感)

퇴계가 모래알 하나 없이 깨끗하다고 노래한 작은 못과 주자의 시에 보이는 반 뙈기 네모난 연못은 바깥에 물들지 않은 순수한 사람의 마음을 비겨서 일컬은 것으로 서로 통하는 면이 있다.

어려서부터 글씨를 반드시 또박또박 바르게 썼는데, 과거 답안이나 잡서 따위를 베낄 때도 흘려 쓰는 법이 거의 없었다. 또한 남에게 써 달라고 부탁한 적도 없었는데, 대개 남들이 어지럽게 쓰는 것을 싫어했기 때문이다.

自少時 書字必楷正 雖傳抄科文雜書 鮮有胡寫 亦未嘗求諸人 蓋厭人之亂書也

선생께서 일찍이 말씀하셨다.

"숙부인 송재공께서는 가르치실 때 매우 엄하셨으나, 이를 말씀과 표정에 드러내지는 않으셨다. 일찍이 『논어』를 외웠는데, 첫 장부터 끝 편까지 한 글자도 틀리지 않았다. 그런데도 칭찬하고 인정하는 말씀 한 마디 안 하셨다. 내가 학문을 게을리 하지 않은 것은 모두 송재공께서 가르치고 이끄신 덕분이다."

先生嘗曰 叔父松齋公 勸學甚嚴 不假辭色 嘗背誦論語 自初章至終篇 不差一字 而亦無獎許之言 余之不怠於學 皆松齋教督之力也[59)]

59) 『퇴계어록』에는 皆松齋之思也로 되어 있으나 『학봉집』을 참조하여 고쳤다.

또 말씀하셨다.

"내가 어려서부터 학문에 뜻을 두었으나, 나를 깨우쳐줄 스승이나 벗이 없었다. 갈팡질팡 헤맨 지가 수십 년이건만 어디로 들어가서 무엇을 공부해야 할지 알 수가 없어 부질없이 마음과 생각만 허비하고 말았다. 그래도 찾아 헤매는 일을 그치지 않고 밤새도록 고요히 앉아 있으면서 잠을 자지 않다가, 결국 마음의 병을 얻어 아예 공부를 못한 것이 여러 해였다. 만약 스승이나 벗이 있어 미로를 빠져나갈 길을 가리켜주었다면, 어찌 이처럼 헛되이 애만 쓰고 늙도록 얻는 것이 없는 지경에 이르렀겠는가?" 〈이것은 비록 자기를 낮추는 말씀이나 이룩하신 학문이 홀로 얻은 것이며 스승이나 벗에게서 말미암은 것이 아님을 또한 알 수 있다.〉

又曰 余自少 雖志於學 而無師友啓發之人 倀倀數十年 未知入頭下工處 枉費心思 探索不置 或終夜靜坐 未嘗就寢 仍得心恙 廢學者累年 若果得師友 指示迷途 則豈至枉用心力 老無得乎 〈此雖是自謙之辭 而其爲學超然獨得 不由師友 亦可想也[60]〉

60) 『퇴계어록』에는 此雖是超然獨自嫌之辭 而其爲學得 不由師友 亦可想也로 되어 있으나, 뜻이 분명하지 않아 『학봉집』을 참고하여 고쳤다.

선생께서 일찍이 서울에서 주자의 문집을 얻었다. 이때부터 문을 닫고 들어앉아 그 책을 연구했는데, 여름내 그치지 않았다. 누가 더위에 몸을 상할지도 모른다며 타이르자 선생께서 다음과 같이 말씀하셨다.

"이 책을 읽으면 문득 가슴속에서 시원한 기운이 일어나 저절로 더위를 잊는데 무슨 병이 생기겠는가?"

문집을 다 읽고 나서 드디어 중요한 말만을 추려내어 한 질을 만들었으니, 지금 인쇄하여 간행한 『주자서절요朱子書節要』 8권이 그것이다.

先生嘗得朱子書于都下 自是閉戶靜觀 歷夏不輟 或以暑熱致傷爲戒 先生曰 講此書 便覺肝膈生涼自不知其暑 何病之有 旣讀 遂刪節其要語爲一帙 今之印行節要八卷 是也

선생의 집에 주자의 문집 사본 한 질이 있었는데, 책장이 몹시 낡아 글자의 획이 거의 깎여나갈 지경이었다. 너무 많이 읽어서 그렇게 된 것이었다. 이것을 보면 선생이 그 책을 얼마나 많이 읽었는지 상상할 수 있다. 그 뒤 사람들이 주자의 문집을 많이 간행했는데, 새책을 얻을 때마다 반드시 대조하여 표시하고 고쳤다. 그런 식으로 한 번 지나가며 다시 익히니 장마다 서로 통하고 구절마다 환하게 익숙해져서, 손으로 잡고 발로 디딘 듯, 귀로 듣고 눈으로 본 듯이 받아들여 이해하게 되었다.

그러므로 일상의 말이나 행동 및 주고받고 들고나는 모든 의리가 이 책과 맞아떨어지지 않는 것이 없었다. 누가 혹시 어렵고 의심나는 것을 물으면 반드시 이 책을 끌어다 대답하셨는데, 또한 그 상황과 맞지 않거나 도리에 마땅하지 않은 것이 없었다. 이것은 곧 몸소 깨달은 견해가 확실하게 마음과 정신을 하나로 통달하는 경지에 이르러야 얻을 수 있는 것이지, 책에 기대어 그저 입으로 읊고 귀로 들어서 되는 것이 아니다. 그러니 선생과 같은 분은 글을 잘 읽었다고 이를 만하다.

先生家有朱子書寫本一帙 卷帙甚舊 字畫幾刓 乃讀而然也 觀此 亦可想三絶之功 其後 人多印出 每得新帙 必校讐點竄 溫習一過 章章融解 句句爛熟 其受用 如手持而足蹈 耳聞而目覩 故日用之間 言默動靜 辭受取予 出處進退之義 無不脗合於是書[61]人或質疑問難 則必援是書而答之[62] 亦無不合於事情 宜於道義[63]焉 是乃實見得 信得及心融神會之所致 非靠書册徇口耳之所可能也 若先生 可謂善讀書矣

61) 『퇴계어록』에는 無不沕合於是書로 되어 있으나 『학봉집』을 참조하여 고쳤다.

62) 『퇴계어록』에는 則必授是書而答之로 되어 있으나 『학봉집』을 참조하여 고쳤다.

63) 『학봉집』에는 〈草本 理〉라는 세주가 붙어 있다.

선생은 읽지 않은 책이 없었으나 더욱 성리학性理學에 마음을 썼는데, 장마다 무르익고 구절마다 녹아들어 강론 때에 친절하고 적당하기가 마치 자기 생각을 말하는 것 같았다. 늘그막에는 주자의 글에만 뜻을 기울였는데 평생 터득한 것이 대개 모두 이 책에서 비롯한 것이다.

先生於書 無所不讀 而尤用心於性理之學 章章爛熟 句句融會 講論之際 親切的當 如誦己言 晚年專意朱書 平生得力處 大抵皆自此書中發也

선생께서는 성현을 존경하고 그리워하여 마치 신령을 받들어 모시듯 공경하였다. 글을 읽을 적에는 반드시 이름을 바로 읽지 않고 그냥 '아무개' 라고만 읽었는데, 일찍이 이를 어긴 적이 없었다.

先生尊慕聖賢 敬之若神明在上 臨文必諱名稱某 未嘗犯之

선생은 글을 읽을 때 바로 앉아서 단정하게 낭송했는데, 글자마다 뜻을 새기고 구절마다 의미를 생각하여, 아무렇게나 거칠게 책을 읽은 적이 없었다. 비록 한 글자, 한 획의 미세한 것도 그냥 지나치지 않았으니, 어魚를 노魯로 쓰거나 시豕를 해亥로 쓴 잘못까지도 반드시 찾아내고야 말았다. 그러나 본디 글자를 도려내어 고치지 않고, 반드시 그 쪽 머리 부분에 '아무 글자는 아무 글자가 되어야 마땅할 듯하다'고 주를 달았으니, 상세하고 조심스럽고 정밀하기가 이와 같았다. 일찍이 상사上舍 조목趙穆[64]이 『심경부주心經附註』[65]를 교정할 때, 잘못된 자획은 바로 도려내어 고치고, 깎아내면 안 되는 각주는 바로 끼워넣어 보충했다. 선생께서는 그것을 나무라시며 말씀하셨다.

"선유先儒가 완성한 글을 어찌 자기 생각만으로 이처럼 성급하게 취하고 버린단 말이냐? 그대는 어찌 금근거金根車의 꾸지람[66]을 생각지 않는가?"

先生讀書 正坐莊誦 字求其訓 句尋其義 未嘗以麤心大膽讀之 雖一字一畫之微 不爲放過 魚魯豕亥之訛 必辨乃已 然未嘗割改舊字 必旁註紙頭曰 某字疑當作某字 其詳愼精密如此 趙上舍穆 嘗校讐心經附註 字畫之訛者 直割正之 註脚之不當刪節者 卽添補之 先生責之曰 先儒成書 何可一任己見 去取之太快如此乎 獨不思金根車之誚耶[67]

64) 조목(1524~1606)의 자는 사경士敬, 호는 월천月川이다. 퇴계와 동향으로 일찍 문하에 들어가 스승을 가까이에서 오래 모셨다. 퇴계가 죽은 뒤 문집의 편찬과 간행, 사원 건립 등에도 주도적으로 참여하였다.

65) 『심경부주』는 중국 송대의 학자 진덕수眞德秀(1178~1235)가 편찬한 『심경』에 명대의 학자 정민정程敏政(1445~?)이 주를 덧붙인 것이다. 내용은 주로 사서삼경과 정자 · 주자의 글에서 마음[心]에 대한 격언을 뽑아 모은 것이다. 퇴계는 그 책을 신명과 같이 믿고 엄한 아버지와 같이 존경해서 평생토록 가까이 했다고 한다.

66) 당나라 때의 학자 한유韓愈의 아들 한창韓昶이 집현전교리集賢殿校理로 있으면서 책을 교정할 때 금근거金根車를 금은거金銀車로 잘못 고친 것을 보고, 사람들이 훌륭한 아버지를 두고도 그런 실수를 했느냐고 비웃었다는 고사가 있다.

67) 『퇴계어록』에는 獨不思金銀車之消耶로 되어 있으나 『학봉집』을 참조하여 고쳤다.

금계錦溪 황준량黃俊良[68]이 일찍이 『성리군서性理群書』[69]의 주석에 틀린 부분이 많다고 하면서 고쳐서 바로잡아 달라고 청했다. 선생께서는 겨를이 없다면서 겸손하게 사양하셨다.

黃錦溪 嘗爲性理群書 註多有舛 請改正 先生謙讓未遑

68) 황준량(1517~1563)의 자는 중거仲擧, 호는 금계이고 퇴계의 문인이다. 어렸을 때부터 뛰어난 재주와 문장으로 이름이 높았다. 과거에 급제하여 여러 관직을 거쳤으며 성주목사로 재임하던 중 병으로 사직하고 돌아오다가 죽었다.

69) 『성리군서』는 중국 송나라의 학자 웅절熊節이 편집하고 웅강대熊剛大가 주를 단 성리학자의 저작 모음집이다. 정확한 책 이름은 『성리군서구해』이다. 이 책은 송대의 대표적 성리학자 일곱 명, 곧 주돈이, 장재, 정호, 정이, 소옹, 사마광, 주희의 글을 중심으로 하여 문체별로 분류, 편집한 것이다. 주로 조선 전기에 우리나라에 주로 수입되어, 성리학의 초기 이해 단계에서 중요한 역할을 했다.

다음과 같이 여쭈었다.

"『역학계몽易學啓蒙』[70] 같은 책은 처음 배우는 이들에게는 적절하지 않은 듯한데, 어떻습니까?"

선생께서 말씀하셨다.

"정말 그렇다. 그러나 배우는 이들이 역시 먼저 알지 않아서는 안 된다. 선유先儒가 이에 대해서 한 말이 있다" 하였다.

신유년(1561, 명종 16) 겨울 선생께서는 도산陶山의 완락재玩樂齋에 계셨다. 새벽에 닭이 울면 일어나서 반드시 글을 한 번 단정하게 외우셨다. 귀 기울여 들어보니 곧 『심경부주』였다.

問啓蒙等書 似不切於初學 何如 先生曰 固是 然學者不可不先知也 先儒有是說耳 辛酉冬 先生居陶山玩樂齋 鷄鳴而起 必莊誦一遍 諦聽之 乃心經附註也

70) 『역학계몽』은 주희가 지은 역학서이다. 주희는 정이程頤의 의리역과 소옹邵雍의 상수역을 종합하여 자신의 역학 체계를 완성하였다고 평가받는데, 주희의 역학 체계를 보여주는 대표적인 저술 가운데 하나가 바로 이 『역학계몽』이다.

端何避先生曰在南冥則當如役在我則亦當如是
以吾之不可學𣏌下惠可不亦宜乎
先生居鄉凡徭役征賦必先下戶而輸之未嘗有違
稽里胥亦未知爲達官家嘗出坐溪邊窩夫來告曰
今年栢林之禁進賜戶當之先生笑而不答蓋栢林
在溪東令先生戶守之
鄉人志學者或恥品官之列先生曰鄉父兄宗族之
所在矣以隨行爲恥何意或曰門地卑微者居右避

심법

心法

선생의 마음가짐

계시는 곳은 깔끔하고 조용했고, 책상은 깨끗하게 정돈되어 있었으며, 책이 벽을 가득 채우고 있으나 늘 가지런하여 어지럽지 않았다. 새벽에 일어나면 향을 피우고 고요히 앉아 정신을 가다듬었으며, 종일토록 책을 읽어도 게으른 모습을 보인 적이 없었다.

퇴계는 제자들에게 어떤 스승이었을까? 이 장에서는 한 제자가 그린 스승의 모습이 있다. 하지만 어찌 보면 퇴계의 모습에는 특별한 것이 아무 것도 없다. 그는 그저 아침에 일어나 자리를 정돈하고 옷차림을 가다듬었으며, 어른들께 문안 인사를 거르지 않았다. 공부하는 방은 늘 깨끗하게 정리했으며 부지런히 책을 읽고 학문에 힘썼다. 그리고 가끔씩 향을 피우고 고요히 앉아 마음을 수양하는 공부를 하기도 했다. 그의 가르침은 이해하지 못할 어려운 것이 아니었으며 그의 행동은 고상하지도 기괴하지도 않은 자연스러운 것이었다. 제자들을 대하거나 남들을 만날 때 겉으로 드러나는 퇴계의 모습은 한없이 온화하고 부드러웠다.

그렇지만 선생의 평범한 일상을 소개하는 제자의 글에는 어떤 떨림이 있다. 그것은 다름 아닌 감동과 자부심의 떨림이다. 추운 겨울 새벽 사방은 아직 어둠에 갇혀 캄캄한데, 동녘 먼 산에서 가만히 밝은 기운이 올라오면 하늘은 멀리서부터 푸른빛을 되찾는다. 그러다가 한순간 붉은 햇살이 산을 넘어 비추면 온 세상이 따뜻한 아침 기운으로 가득 찬다. 이런 자연의 기운을 온 몸으로 받아들이듯 선생은 아침 일찍부터 온종일 단정히 앉아 책을 보신다. 마치 맑고도 밝은 새벽 기운을 그대로 간직하신 듯.

평범한 교사는 말만 하고, 좋은 교사는 설명을 하며, 훌륭한 교사는 모범을 보이고, 위대한 교사는 제자들의 가슴에 불을 지른다는 말이 있다. 여기에 소개된 퇴계 선생에 대한 묘사를 보면 제자들이 선생이 보여주는 덕성의 경지를 무슨 말로 표현해야 할지, 자신들이 받은 감동을 어떻게 전해야 할지 어쩔 줄 몰라 했던 것 같은 생각이 든다. 퇴계의 유산이 오늘날까지 이렇게 큰 그림자를 드리우게 된 것은 그가 남긴 학문의 성취가 남달랐기 때문이라기보다 그가 끼친 삶의 향기가 제자들의 가슴에 일으킨 이런 반향 때문이 아니었을까?

선생이 과거준비생[擧子]이었을 때, 일찍이 고을의 향교鄕校에 가서 공부한 적이 있었다. 옷을 단정히 입고 말과 행동을 반드시 삼갔으니, 다른 사람과 만날 때 굳이 모나게 행동하지 않았어도 저절로 거스르기 어려운 기색이 있어 엄숙하였으므로 사람들이 조심하면서도 사랑하였다.

爲擧子時 嘗遊郡庠 衣冠必整 言動必謹 其接人之際 雖不爲崖岸 而自有難犯之色肅然 人敬而愛之

선생은 어려서부터 편한 것만 찾거나 게으름을 피우지 않았다. 새벽에 일어나면 반드시 잠옷과 이부자리를 개었으며, 어머니께 문안 인사를 드렸다. 형수를 뵈면 하루에 몇 번씩이라도 고개 숙여 절하였다.

自少 未嘗安肆偸惰 晨起必自斂襡衾簟 定省于大夫人 其見兄嫂 雖一日屢見 必拜致敬

선생께서 말씀하셨다.

"일찍이 금난수琴蘭秀[71]의 집에 간 적이 있는데 산길이 아주 험했다. 그래서 갈 때는 고삐를 잡고 조심조심 말을 몰면서 마음을 계속 놓지 않았다. 그런데 돌아올 때에는 조금 술에 취해서, 올 때 길이 험했던 것을 까맣게 잊어버리고, 마치 평탄한 길을 걷듯 마음 놓고 편히 왔다. 마음을 다잡았다 놓았다 하는 일은 이처럼 무척이나 두려운 것이다."

先生曰 嘗往琴蘭秀家 山蹊頗險 去時按轡警馭 心常不弛 及還微醉 頓忘來路之險 縱然安行 如履坦途 心之操舍 甚可懼也

71) 금난수(1530~1604)의 자는 문원聞遠, 호는 성재惺齋이고 퇴계의 문인이다. 정유재란 때는 고향인 경북 봉화에서 의병장으로도 활약하였다.

계시는 곳은 깔끔하고 조용했고, 책상은 깨끗하게 정돈되어 있었으며, 책이 벽을 가득 채우고 있으나 늘 가지런하여 어지럽지 않았다. 새벽에 일어나면 향을 피우고 고요히 앉아 정신을 가다듬었으며, 종일토록 책을 읽어도 게으른 모습을 보인 적이 없었다.

居處必整靜 几案必明淨 圖書滿壁 常秩秩不亂 晨起必焚香靜坐 終日觀書 未嘗見其惰容

선생은 자신을 낮추고 비움을 훌륭하다고 여겨 털끝만큼도 자만하고 꾸미는 마음이 없었다. 도를 이미 밝게 보았으나 마치 보지 못한 듯 바라고, 덕이 이미 높았으나 마치 얻은 것이 없는 듯 아쉬워했다. 높은 곳을 향하는 마음은 죽을 때까지 한결같아서 차라리 성인을 배우다가 이르지 못할망정 한 가지를 잘해서 이름을 알리지는 않겠다고 마음먹었다. 일찍이 세상 사람들 가운데 자부심이 지나친 이를 보면 매우 그르게 여기면서 반드시 거론하여 경계로 삼았다.

先生謙虛爲德 無一毫滿假之心 見道已明 而望之若不見 德已尊矣 而歉然若無得 向上之心 至死如一日 其設心以爲寧學聖人而未至 不欲以一善成名 嘗見世人自許太過者 深以爲非 必擧以爲戒

선생은 따스하고 온화하며 공손하고 조심스러우셨으며, 단정하고 상세하며 여유가 있고 너그러우셨다. 사납고 거만한 몸가짐이나 화가 나서 거친 기운을 몸과 마음에 붙인 적이 없었으니, 우러러보면 의젓하여 법도에 맞는 몸가짐이 공경할 만했고, 가까이 하면 따스하여 너그러운 덕이 사랑할 만했다.

先生溫良恭謹 端詳閒泰 暴慢之容 忿厲之氣 未嘗加諸身心瞻之也 儼然有可敬之儀則 卽之也 溫然有可愛之容德

선생은 나이가 드실수록 병이 더 깊어졌지만, 학문을 밀고 나가는 데 더 힘썼고 도를 맡음을 더 무겁게 여겼다. 엄숙한 태도와 공경하는 마음을 지키고 기르는 공부는, 조용히 홀로 있어서 거리낌 없는 곳에서 더욱 힘썼다. 평소에는 날이 밝기 전에 일어났으며, 반드시 세수하고 머리 빗고 의관을 갖추었다. 종일토록 책을 읽거나 향을 피우고 고요히 앉아 있곤 했는데, 늘 이 마음을 놓지 않고 살핌이 해가 처음 떠오른 때와 같았다.

先生年益高病益深 而進學益力 任道益重 其莊敬持養之功 尤發於幽獨得肆之地 平居未明而起 必盥櫛衣冠 終日觀書 或焚香靜坐 常提省此心 如日初昇

선생은 젊어서부터 타고난 성품이 도리에 가까워 아름답고 밝고 따뜻하고 순수했으며 돈독하고 진실하였다. 그리하여 마음을 쓰거나 일을 처리함이 한결같이 도의道義에서 나온 것이었으니, 혈기의 충동으로 움직이신 적이 없었다.

先生自少 天資近道[72] 精明溫粹 篤厚眞純 其處心行事 出於道義 未嘗爲血氣所動

72) 『퇴계어록』에는 天資與道로 되어 있으나 『학봉집』을 참조하여 고쳤다.

쉽고 분명한 것이 선생의 학문이고, 크고 바르며 밝게 빛나는 것이 선생의 도이며, 부드러운 바람과 아롱진 구름 같은 것이 선생의 덕이고, 베나 비단이나 콩과 조처럼 평범하지만 없어서는 안 되는 것이 선생의 글이다. 마음속에 품은 것은 막힘없이 환하여 가을달이나 얼음 항아리 같았고, 기운은 따뜻하고 순수하여 정련한 금이나 좋은 옥 같았다. 산처럼 단단하고 무거우며, 연못처럼 깊고 고요했다. 바라보면 덕성을 이룬 군자임을 바로 알 수가 있었다.

平易明白 先生之學也 正大光明 先生之道也 和風慶雲 先生之德也 布帛菽粟 先生之文也 襟懷洞徹 如秋月氷壺 氣象溫粹 如精金美玉 凝重如山嶽 靜深如淵泉 望之可知其爲成德君子

스스로를 다스리고 사물을 대할 때 한결같이 정성을 다하니 단 한 점도 비루하고 거짓된 마음이 없었다.

處己接物 一以至誠 無一點鄙詐之心

선생은 담백하고 욕심이 없으셨는데, 그 마음을 늘 만물을 상대로 펴시니 천지간에 한 가지도 마음에 걸리는 것이 없었다.

先生淡然無欲[73] 此心常伸於萬物之上 天地之間 無一物嬰其懷者

73) 先生澹然無欲:『학봉집』

선생의 학문은 일상의 행동거지나 말투에 적용해도 쉽고 분명하였으니 지나치게 고상하거나 어려운 것이 없었다. 하지만 겉모습이나 행동거지가 모두 예에 맞으니 참으로 남들이 따를 수 없는 오묘함이 있었다.

先生之學 於日用動靜語默上用功 平易明白 無甚高遠之事 而動容周旋中禮 自有人不可及之妙

선생은 이미 덕이 다 길러지고 채워져 있었으니 일을 만나도 너그러우셨다. 아무리 급한 상황에서도 정신은 여유롭고 뜻은 안정되었으니, 어지럽고 서두르는 기색이 전혀 없었다.

先生充養已至 遇事裕爲 雖在急遽之間 神閒意定 無胡亂走作底氣像

선생의 학문은 사사로운 욕심이 깨끗이 없어지고 하늘의 이치[天理]가 해처럼 밝으니 나와 남 사이에서 이쪽저쪽을 가르는 경계를 볼 수가 없다. 그 마음은 곧바로 천지 만물과 더불어 아래위로 함께 흐르면서도 각기 제자리를 얻는 오묘함이 있다. 선생 같은 분은 무아의 경지에 거의 이른 분이다.

先生之學 私欲淨盡 天理日明 物我之間 未見有彼此畦町 其心直與天地萬物 上下同流 有各得其所之妙 若先生者 幾乎無我者也

嫌何避先生曰在南冥則當如彼在我則亦當如是
以吾之不可學柳下惠可不亦宜乎
先生居鄕凡逋役租賦必先下戶而輸之未嘗有違
稽里胥亦未知爲達官家嘗若坐溪邊嘗夫未曾自
今年柏林之葉進賜戶當之先生笑而不答蓋柏林
在溪東今先生戶守之
鄕人志學者或恥品官之列先生曰鄕父兄宗族之
所在矣以隨行爲恥何意或曰門地卑微者居右

법언

선생께서 말씀하시는 모습

토론할 때에는 기운이 부드럽고 말씀이 후련했으며 이치가 분명하고 의리가 바르셨다. 비록 온갖 의견들이 쏟아져 나오더라도 말을 뒤섞지 않았으니, 반드시 저쪽 말이 끝난 다음에 천천히 한마디 말로 줄거리를 잡아 가리셨다. 그러나 반드시 당신이 옳다고 하지 않고, 다만 '나는 이럴 것 같은데 어떤지 모르겠다' 고만 하셨다.

퇴계 선생은 옳지 않은 말을 들으면 낯빛을 바로하고 대답을 하지 않았다고 한다. 대답을 하지 않았다는 말은 무슨 뜻일까? 어떤 말을 듣고 틀렸다 싶으면 대개의 경우 반박하는 말을 하게 된다. 그것이 자연스러운 대응일 것이다. 하지만 그럴 경우 대개는 논쟁으로 번지게 된다. 만약 스승의 입장에서 제자의 말에 대해 그렇게 반응한다면, 그것도 퇴계 선생과 같은 이름난 스승의 반응이 그렇다면 어떨까? 아마도 배우는 이는 기가 꺾일 것이 분명하다. 하지만 제자의 말에 스승이 아무 반응을 보이지 않는다면, 그는 물러나 자신이 한 말을 되짚어 생각해볼 것이다. 그러면서 스스로 자신의 잘못을 깨달을 수도 있을 것이다. 퇴계가 바란 것은 바로 그것이 아니었을까?

유학자나 성리학자라고 하면 융통성 없고 권위적인 이미지가 연상된다고 하는 사람이 많다. 시대에 뒤떨어진 이념을 고집하며, 자신의 생각만을 강요하는 태도로 다른 세대와 소통하고 공감하지 못한다는 비판이 들어간 말인 것 같다. 하지만 이러한 태도가 유학이나 성리학 본래의 모습은 아니다. 이 장에서 소개되는 퇴계의 대화법을 보면 그것을 자연스럽게 깨닫게 된다.

퇴계는 상대방의 의견을 편견 없이 들으려 했던 것 같다. 별 뜻 없이 가볍게 말한다 싶은 때에도, 보잘것없어 보이는 사람이 하는 말도 그저 흘려버리지는 않았다. 또한 그는 말하는 이와 생각이 다른 경우, 감정을 다치지 않으면서도 솔직하게 자기 주장을 전달하기 위해 노력하는 모습을 보인다. 그는 또한 칭찬에 인색하지 않으면서도 자신은 늘 도리에 어긋나는 말을 하지나 않을까 조심했다. 그러나 해야 할 말을 하지 못하는 법은 없었다. 권위적이거나 고리타분한 태도는 전혀 찾아볼 수 없다.

선생은 사람을 만나고 사물을 대할 때, 몸가짐과 말씨에 있어 제각기 절도에 맞았다. 만약 어떤 이가 묻지 않아야 할 것을 묻거나 말하지 않아도 될 것을 말하면 반드시 낯빛을 바로하고 대답하지 않았다.

先生待人應物[74] 動靜語默 各有其節 人若有不當問而問 不當言而言 則必正色不答

74) 『퇴계어록』에는 先生對人說話라고 되어 있으나 『학봉집』을 참조하여 고쳤다.

친구의 잘못을 말하는 사람이 있으면 반드시 낯빛을 바로하고 대답하지 않았다.

人有道故舊之過 則必正色不答

누가 의롭지 못하다는 이야기를 들으면 곧 되풀이해서 아쉬워하고 애달파 하셨으며 누가 작은 선행이라도 하는 것을 보면 반드시 거듭 칭찬하셨다.

聞人不義 則反復嗟惜 見人小善 必再三加奬

누가 질문을 하면 아무리 쉽고 가벼운 말이라도 반드시 잠깐 생각하신 다음 대답했다. 묻자마자 대답한 적이 없었다.

人有質問 則雖甚淺近說話 必留意少間而答之 未嘗應聲而對

선생은 배우는 이들에게 강론하다가 의심스러운 곳에 이르면 당신의 견해를 주장하지 않고 반드시 여러 의론들을 널리 모았다. 비록 문장의 뜻이나 겨우 이해하는 하찮은 선비의 말이라 할지라도 또한 귀기울여 들었고 마음을 비우고 이해하였으며, 여러 증거를 참조하여 거듭 고쳐서 끝내는 바른 데로 돌이킨 다음에야 그치셨다. 토론할 때에는 기운이 부드럽고 말씀이 후련했으며 이치가 분명하고 의리가 바르셨다. 비록 온갖 의견들이 쏟아져 나오더라도 말을 뒤섞지 않았으니, 반드시 저쪽 말이 끝난 다음에 천천히 한마디 말로 줄거리를 잡으셨다. 그러나 반드시 당신이 옳다고 하지 않고, 다만 '나는 이럴 것 같은데 어떤지 모르겠다' 고만 하셨다.

先生與學者講論 到疑難處 不主己見 必博采衆論 雖章句鄙儒之言 亦且留意聽之 虛心理會 反覆參證 終歸於正而後已 其論辨之際 氣和辭暢 理明義正 雖羣言競起 而不爲參錯說話 必待彼言之定 然後徐以一言條析之 然不必其爲是 第曰己如此 以爲如何

선생은 글을 짓고 말씀을 하실 때 음란하게 희롱하는 말을 하신 적이 없다. 태진太眞 곧, 죽은 양귀비가 저승에서 임공臨邛 땅의 도사를 통해 당唐 현종玄宗에게 보낸 시를 가지고 누가 시험 문제를 내려고 했다. 그러자 선생은 거기에 다음과 같은 내용의 찌를 붙이셨다.

"태진의 일은 백낙천白樂天이 처음으로 본보기를 만들었고, 어무적魚無跡이 아주 널리 퍼트렸지만, 대장부의 입에 어찌 음란하고 추한 말을 담을 수 있겠는가?"[75)]

先生雖文字言語之間 未嘗爲戲褻之語 人有作太眞送臨節道士 還報唐玄宗詩 欲課之 先生批曰 太眞之事 白樂天始作俑 魚無迹極鋪張之 大丈夫口中 豈可狀出淫醜之語也

---

75) 백낙천이 처음으로 본보기를 만들었다는 말은 백낙천이 '장한가長恨歌'를 지은 사실을 말한다. 백낙천은 중국 당나라 때의 시인 백거이白居易를 가리킨다. 낙천은 그의 자이다. 장한가는 당나라 현종이 양귀비를 잃은 한을 노래한 시로 칠언 120구로 된 긴 서사시이다. 그 내용의 뒷부분을 보면 양귀비가 죽은 뒤 현종은 그를 몹시 그리워하여 임공 땅에 사는 도사를 하늘나라로 보내 양귀비를 만나게 했다. 도사가 양귀비를 그리워하는 현종의 마음을 전하자, 태진이라는 이름의 선녀로 살던 양귀비는 그 도사를 통해 현종에 대한 사랑을 담은 시를 전했다고 한다.
어무적은 조선 중기의 시인으로 본관은 함종咸從이다. 자는 잠부潛夫, 호는 낭선浪仙이고 생원이었던 변문變文의 손자이며, 사직司直을 지낸 효량孝良의 아들이다. 아버지는 손색이 없는 사대부였으나 어머니가 관비官婢여서 법에 따라 관노가 되었으며, 나중에 천한 신분을 면하였을 것으로 추정된다. 아버지 쪽의 교양을 물려받아 천인으로서는 드물게 어려서부터 한문을 익힐 수 있었고, 뛰어난 시재詩才를 계발할 수 있었다.

嫌何避先生曰在南冥則當如彼在我則亦當如是

以吾之不可學柳下惠可不亦宜乎

先生居鄉凡諸役征賦以先下戶而輸之未嘗有違

猶里胥亦未知為達官家嘗出坐溪邊番夫來告曰

今年柏林之禁進賜戶當之先生笑而不答盖柏林

在溪東今先生戶守之

鄉人老學者或恥品官之列先生曰鄉父兄宗族之

所在矣以隨行為恥何意或曰門地卑微者居右緣

자봉

自奉

선생의 일상생활

선생은 검소함을 높이 여겨 질그릇에 물을 담아 씻으셨고 부들 자리에 앉으셨으며 베옷에 끈 띠를 매고 칡으로 엮은 신발에 대지팡이를 짚으셨으니 담백하신 모습이었다. 퇴계 앞에 있는 집이 겨우 열 칸 남짓이라 추위가 모질거나 여름에 장마가 오면 보통사람들이 견딜 수 없을 정도인데도 그곳에서 여유롭게 지내셨다.

퇴계는 마흔 여섯 되는 해에 오늘날 자신의 묘소가 있는 언덕 아래쪽에 '양진암養眞庵'을 짓고, 그곳의 지명인 '토계'를 '퇴계'로 고쳐 자신의 호로 삼았다. 하지만 그는 4년 뒤 벼슬을 그만두고 낙향하면서 내를 조금 더 거슬러 올라가 새로 거처를 마련했다. 그곳이 바로 '한서암寒棲庵'이다. 그곳에서 퇴계는 세상을 떠날 때까지 살았는데, 나중에 제자들이 점점 많아지자 동북쪽으로 내를 건너 '계상서당'을 지어 가르치는 장소로 삼았다. 지금 〈도산서원〉이 있는 곳은 퇴계가 쉰일곱 되던 해에 새롭게 마련한 서당 자리이다. 하지만 퇴계는 그곳으로 옮겨 살지는 않았고 원래 거처에서 오가며 생활했다. 퇴계가 세상을 떠나고 3년상을 마친 뒤 제자들은 도산서당 자리에 도산서원을 세웠다.

선비들은 흔히들 돈에 연연하지 않고 가난을 즐기는 삶을 노래하곤 한다. 하지만 그들이 실제로 가난했던 것은 아니다. 그들은 재산과 권력을 독점한 그 시대의 지배층이었다. 퇴계가 살았던 16세기 조선에서는 아들과 딸에게 재산을 똑같이 나누어 주는 것이 일반적인 관습이었다. 그렇기 때문에 당시 양반 가문의 재산은 남편 쪽이 물려받는 것 못지않게 아내가 상속 받아 가져온 재산이 큰 몫을 차지했다. 퇴계도 결혼과 함께 부유한 처가로부터 많은 재산을 물려받았던 것으로 보인다.

하지만 이 장에서 소개하는 그의 일상생활은 그지없이 소박하고 검소하다. 퇴계는 작은 집에서 낡은 옷을 입고 거친 음식을 먹으며 살았다. 처가에서 받은 기름진 땅을 멀리하고 서울에 마련된 번듯한 집에서도 지내려 하지 않았다. 오히려 기름진 음식을 먹으면 불편하다고까지 말한다. 이처럼 그는 이러한 습관이 마치 타고난 천성인 듯 말한다. 하지만 젊은 시절 의정부 사인이라는 요직에 있으면서 잔치 자리에서 기생들을 보며 불현듯 솟구친 욕망을 두고 삶과 죽음의 갈림길이라고 말한 날카로운 의지야말로 그를 이런 삶으로 이끈 힘이 아니었을까?

선생은 쉰이 다 되시도록 아직 집이 없었다. 처음에는 하봉霞峯에 집터를 잡았다가 중간에 죽곡竹谷으로 옮겼으며 마침내 퇴계退溪 앞으로 정했다. 집 서쪽 냇가에 정사精舍를 짓고 한서寒棲라고 이름 지었고, 샘물을 끌어들여 못을 만들고는 광영光影이라고 이름 지었다. 매실나무와 버드나무를 심고 세 갈래로 길을 내었는데, 앞쪽에는 탄금석彈琴石이 있고, 뒤쪽에는 고등석古藤石이 있었다. 개울과 산이 맑고 아름다워 뚜렷하게 구분되는 한 구역을 이루었다. 병진년(1556, 명종 11)에 누가 그곳을 처음으로 찾아뵈었는데, 선생은 책이 가득한 방에 향을 피우고 고요히 앉아 계셨다. 자유로운 그 모습이 마치 그렇게 평생을 마칠 것 같아서 사람들이 벼슬하는 분인 줄 몰랐다.

先生五十歲 尙未有家 初卜于霞峯[76] 中移于竹谷 竟定于退溪之上 宅西臨溪作精舍 名曰寒棲 引泉爲塘 名曰光影 植以梅柳 開以三逕 前有彈琴石 後有古藤石 溪山明媚 宛然成一別區焉 丙辰 某始展拜于此 左右圖書 焚香靜坐 翛然若將終身 人不知其爲官人也[77]

---

76) 『퇴계어록』에는 初卜于露峯으로 되어 있으나 『학봉집』을 참조하여 고쳤다.

77) 『학봉집』에는 다음과 같은 내용의 주가 붙어 있다. "하명동霞明洞은 낙천洛川에서 가까웠는데, 낙천은 관청의 금제가 미치는 곳이어서 자손들이 터 잡고 살기에는 마땅치 않은 곳이라고 하시며 퇴계 앞으로 옮기셨다以霞明洞近於洛川 川乃官禁所及 謂不宜子孫之居 遷于溪上."

선생의 성품은 환하게 뚫린 것을 좋아하고 가리고 막히는 것을 싫어하셨다. 심지어 나무 따위도 반드시 자르고 파내서 앞을 가리지 못하게 하셨다.

先生性喜通明而惡蔽障 至如樹木之類 必令疏剔剪去 不使翳前

선생은 검소함을 높이 여겨 질그릇에 물을 담아 씻으셨고 부들자리에 앉으셨으며 베옷에 끈 띠를 매고 칡으로 엮은 신발에 대지팡이를 짚으셨으니 담백하신 모습이었다. 퇴계 앞에 있는 집이 겨우 열 칸 남짓이라 추위가 모질거나 여름에 장마가 오면 보통사람들이 견딜 수 없을 정도인데도 그곳에서 여유롭게 지내셨다. 영천군수永川郡守 허시許時가 찾아뵙고는 몹시 놀라서 말했다.

"이처럼 누추한 곳에서 어찌 견디십니까?"

선생께서 말씀하셨다.

"몸에 익은 지 이미 오래라 불편한 것을 깨닫지도 못합니다."

先生雅尙儉素 盥用陶器 坐以蒲席 布衣絛帶 葛屨竹杖 泊如也 溪上之宅 僅十餘架 祁寒暑雨 人所不堪 而處之裕如也 永川郡守許時歷謁 大驚曰 陋陋如此 何以堪之 先生曰 習之已久 不覺也

선생의 전 부인 소유의 전장田莊이 영천군榮川郡에 있었는데 제법 기름졌다. 반면 퇴계 앞에는 척박한 땅 겨우 몇 이랑밖에 없었다. 그런데도 끝내 그쪽으로 가서 살지 않았다. 집이 몹시 가난해서 형편이 딱했는데도 편안하신 듯 보였다.[78)]

先生先室夫人田莊 在榮川郡 頗饒 溪上則只有薄田數頃 而終不居于彼 家甚窘束而晏如也

78) 퇴계는 평생 두 차례 결혼을 했다. 먼저 퇴계의 나이 스물하나에 허찬許瓚의 따님을 아내로 맞아들였다. 하지만 첫째 부인은 퇴계가 스물일곱 되던 해에 둘째 아들을 낳고 세상을 떠나고 만다. 그 뒤 서른이 되던 해에 다시 권질權礩의 따님을 부인으로 맞이하게 된다.

권질權碩 공은 선생의 장인이다. 그의 집이 서울 서소문西小門 안쪽에 있었다. 일찍이 그 집을 선생께 주려고 했는데, 선생은 사양하고 받지 않았다. 뒤에 서울에 들어가게 되자 다른 곳에 붙어살지언정 그 집에서는 지내지 않았다.

權公磧 先生舅也 其宅在京城西小門內 嘗欲與之 先生辭不取 後入都 常僑寓他處未嘗居之

김취려가 복건幅巾과 심의深衣를 만들어 보내자, 선생은 다음과 같이 말씀하셨다.

"복건은 중들이 쓰는 두건 같아서 쓰기에 편치 못한 듯하다."

이에 심의를 입고 정자관程子冠을 쓰셨다. 나이 드신 뒤 홀로 계실 때에도 이와 같았는데, 손님이 오면 평상복으로 갈아입으셨다.[79]

金就礪造幅巾深衣以送 先生曰 幅巾似僧巾[80] 著之似未穩 乃服深衣 而加程子冠 晩年齋居如此 客來則改以常服焉

---

79) 복건과 심의는 유학자의 옷이다. 중국에서는 고대로부터 이런 이름의 복식이 있었으나, 『주자가례』에 이 복식이 유학자의 법복으로 규정되면서 더욱 널리 퍼지게 되었다. 우리나라에서도 주자학의 전래와 더불어 유학자들이 입기 시작하였다. 하지만 복건은 그 형태 때문에 그다지 일반화되지 못했다. 퇴계가 심의를 입을 때 복건 대신 정자관을 갖추어 쓴 것도 그 때문이었을 것이다. 정자관은 말총으로 만든 가정용 관으로 네모난 내관에 파도 모양의 장식이 두 겹 또는 세 겹 덧붙여진 모양이었다.

80) 『퇴계어록』에는 幅巾似僧으로 되어 있으나 『학봉집』을 참고하여 고쳤다.

선생께서 말씀하셨다.

"어지럽게 화려하고 요란스럽고 방탕한 가운데에서 사람의 마음이 가장 흔들리기 쉽다. 나는 일찍부터 이에 대해 힘을 써서 거의 흔들리지는 않게 되었다. 그런데 일찍이 의정부 사인舍人[81]이 되었을 때, 노래하는 기생들이 눈앞에 가득한 것을 보고는 문득 한구석에서 기쁘고 즐거운 마음이 생기는 것을 깨달았던 적이 있다. 이에 비록 힘을 다해 욕망을 억눌러서 겨우 구렁텅이에 빠져드는 것을 면했지만, 그 갈림길은 바로 삶과 죽음이 나뉘는 곳이다. 그러니 두려워하지 않을 수 있겠는가?"

先生曰 紛華波蕩之中 最易移人 余嘗用力於此 庶不爲所動 而嘗爲政府舍人 聲妓滿前 便覺有一端喜悅之心 雖痛窒慾 僅免坑塹 而其機則生死路頭也 可不懼哉

81) 조선시대 의정부의 정4품 관직으로 정원은 2명이다. 의정부의 사인은 의정부의 대신들을 보좌하여 육조와 업무 연락을 맡는 중요한 자리이다.

선생은 손님을 맞아 음식을 먹고 마셔도 수저 소리를 내지 않으셨다. 선생의 음식 예절을 보면, 비록 여름이라도 말린 고기뿐이었으며 끼니마다 반찬이 두세 가지를 넘지 않았다. 건장한 사람일지라도 견디기 어려운 것이었지만, 선생은 좋은 반찬과 맛있는 음식을 드시는 듯이 잘 잡수셨다.

〈일찍이 도산陶山에서 선생을 모시고 식사를 했는데, 상 위에 겨우 가짓잎, 무, 미역뿐, 다른 것이 없었다.〉

손님을 맞아 상을 차릴 때면 반드시 집안의 형편에 맞추었는데, 아무리 귀한 손님이 찾아와도 따로 음식을 갖추어 차리지 않았으며 지체 낮고 어린 이가 와도 소홀하게 대접하지 않았다.

先生對客飮啖 不聞匙箸之聲 其飮食之節 雖暑月[82] 只脯乾而已 每食不過數三品 雖壯者有所不堪 而先生若啜膏粱〈嘗侍食陶山 盤中只有茄葉菁根海藿 無餘物矣〉嘗對客設食 必稱家有無故 雖貴客至亦不盛饌 卑幼亦不忽焉

82) 『학봉집』에는 雖자 아래 다음과 같은 주가 달려 있다: 草本 無雖字

선생께서 일찍이 말씀하셨다.

“나는 정말 복이 없는 사람이다. 기름지고 맛있는 음식을 먹으면 기분이 답답하고 체한 것 같은데 거친 음식을 먹고 나면 바로 속이 편해진다.”

先生嘗曰 我眞福薄之人 啖厚味則氣如否滯 必啖苦淡 然後方利腹胃云云

선생은 술을 마셔도 취할 때까지 마신 적이 없었고, 조금 얼근해지면 곧 그만 드셨다. 손님을 맞을 때에는 상대방의 양에 맞추어 술을 권하셨으며 그 기분을 맞추어 주셨다.

先生飮酒 未嘗至醉 微酡而止 其接待賓客 隨量勸之 稱其情款焉

관서關西는 본디 번잡하고 화려한 곳이라고 일컬어졌으니, 구렁텅이에 빠지는 선비들이 앞뒤로 끊이지 않았다. 선생은 일찍이 자문점마咨文點馬[83]가 되어 일 때문에 의주義州에 한 달 동안 머물렀는데, 아예 여색을 가까이 하지 않으셨다. 평양平壤을 지나올 때에는 감사가 이름난 기생을 꾸며서 들여보냈으나 끝내 한 번도 돌아보지 않으셨다.

關西素稱紛華 士之落於坑塹者 前後相望 先生嘗爲咨文點馬 以事留義州一月 絶不近色 行過平壤 監司爲飾名妓以薦 竟不一顧

83) 명과 조선 사이에 오가는 외교문서인 자문을 주고받을 때 사용하는 말을 점검하는 관원.

동지同知 권응정權應挺[84)]이 안동부사安東府使로 있을 때, 일찍이 기생과 악공을 거느리고 서당 앞을 지난 일이 있었다. 선생이 이것을 시를 지어 풍자하니 그 뒤로는 권응정이 감히 그렇게 하지 못했다.

權同知應挺判安東 嘗載妓樂過書堂 先生作詩諷之 權後乃不敢

84) 권응정(1498~1564)의 자는 사우士遇, 호는 묵암默菴이다. 과거에 급제하여 여러 관직을 거쳐 벼슬이 동지중추부사同知中樞府事에 이르렀다. 양재역 벽서사건이 일어나자 강진으로 유배되었다가 명종 12년에야 다시 기용되었다.

嫌何避先生曰在南冥則當如彼在我則亦當如是
以吾之不可學柳下惠可不之冥乎
先生居鄉凡調役征賦以先下戶而輸之未嘗有逋
稽里胥亦未知為達官家嘗出坐溪邊當夫來告曰
今年柏林之蔡進賜戶當之先生笑而不荅蓋柏林
在溪東令先生戶守之
鄉人志學者或恥品官之列先生曰鄉父兄宗族之
所在矣以隨行為恥何意或曰門地卑微者居右

추원

追遠

선생의 조상 제사

"우리나라 상례의 기강이 허물어진 것은 이루 말할 수가 없을 정도다. 세상 풍습을 보면 장사를 치르는 날에 상가에서는 으레 술과 음식을 차려서 문상객들을 대접하는데, 무식한 문상객들이 술에 취하기도 하고 밤을 새기도 하니 심하기 이를 데 없다. 그대들은 올바로 처신할 방도를 찾아라."

퇴계가 살던 때의 제사 관행은 성리학의 예법과 맞지 않는 경우가 많았다. 이 장에서도 몇 가지 이야기되고 있는 것처럼, 기제사 때 부모의 신주를 나란히 모시고 제사를 지낸다거나, 사당이 아니라 무덤에 직접 가서 제사를 지내는 풍습이 그것이다. 그 밖에도 종가의 맏아들이 제사를 주관하지 않고 형제자매가 돌아가면서 제사를 지낸다거나, 친손이 없으면 외손이 제사를 지내는 관습은 당시 성리학의 예법과 맞지 않는 제사 풍습으로 주로 이야기되던 것이었다.

성리학이 조선을 떠받치는 이념이 되면서, 『주자가례』에 규정된 성리학의 예법이 사대부들이 지켜야 할 덕목으로 제시되었다. 하지만 그것은 조선시대 이전부터 대대로 지켜오던 우리 나름의 풍습과 맞지 않는 점이 너무 많았다. 그래서 그런지 퇴계가 살았던 시대는 조선 왕조가 열리고 제법 많은 시간이 흐른 뒤였지만, 그때까지도 성리학의 예법이 본격적으로 생활 속에서 받아들여지지 못하고 있었다. 퇴계가 당시의 제사 관행에 잘못된 부분이 많다는 지적을 여러 차례 했던 것도 그러한 역사적 상황 때문이었다.

하지만 퇴계는 예법의 잘못을 거듭 말하면서도 그것을 바꾸는 데 적극 나서지는 않았다. 무덤을 찾아가 묘제를 지내거나 사당이 아닌 재실에서 제사를 지냈던 일은, 그것이 성리학의 예법에 맞지 않는다는 것을 잘 알고 있으면서도 당시 널리 행해지던 예법을 그대로 따른 사례이다. 아버지의 혈통만이 강조되는 중국과 달리, 어머니나 아내 쪽의 가족관계를 중요하게 여기고 상대적으로 여성을 더 존중했던 조선의 친족 관념이 변하지 않는 상황에서, 성리학의 예법은 심정적으로 받아들이기 어려웠을 것이다. 오히려 중국과 여러 가지 사회 관습이 다른 상황에서 중국의 예법을 무턱대고 그대로 따르려는 태도가 오히려 더 어리석은 것이었다고 하는 것이 옳겠다.

그렇기 때문에 퇴계는 예법의 형식보다는 예를 행함에 있어 스스로 삼가는 마음이 겉으로 드러나야 한다는 점을 강조한다. 아마도 그것이 예의 더 본질적인 부분일 것이다. 퇴계는 기일에는 술이나 고기를 먹지 않고, 친구를 만나거나 손님을 청하지 않으며, 엄숙하고 조용하게 그 날을 맞는 것이 예법을 갖추어 지키는 것보다 더 중요하다고 여겼다.

선생께서 말씀하셨다.

"사람들이 기제사 때 늘 나란히 부모를 함께 제사 지내는데, 아주 예에 맞지 않는 일이다. 아버지 제사 때 어머니를 제사 지내는 것은 그나마 괜찮다. 하지만 어머니 제사 때 아버지 제사를 지낸다니, 어찌 감히 높은 이를 끌어내리는 의리가 있을 수 있는가? 우리 집안도 일찍부터 그렇게 해왔는데, 내가 종가의 맏아들이 아니니 마음대로 고칠 수도 없다. 다만 내가 죽은 뒤에는 세상 풍습을 따르지 말도록 이를 뿐이다."

선생은 명절 제사나 철마다 지내는 시사 때면, 비록 아주 춥고 더운 때라도, 병이 없는 한 반드시 몸소 가서 신주를 모신 주독主櫝[85]을 받들어 제물을 올렸으니, 대신 남을 시키는 일이 없었다. 제철 음식이나 특별히 맛있는 음식을 얻기라도 하면 말리거나 절여놓았다가 명절 제사나 시사 때 올렸다. 선생은 맏이가 아니어서 가묘家廟에서 제철 음식을 올리는 천신례薦新禮를 할 수 없었기 때문에 이렇게 했던 것이다.

先生曰 人於忌祭時 常幷祭考妣 甚非禮也 考祭祭妣 猶之可也 妣祭祭考 豈有敢援尊之義乎 吾門亦嘗如此 而非宗子 故不敢擅改 只令吾身後 勿用俗耳

節祀時享 雖祁寒盛暑 非疾病則必往 奉櫝奠物 不令人代之 若得節物 或異味 則或乾或廟 遇節祀享祭則薦之 蓋先生支子也 未得行薦新禮于家廟故如此

85) 신주를 모셔두는 궤.

선생은 당시 풍습이던 묘제墓祭가 잘못된 예라고 생각했지만, 그러면서도 풍습을 따라 성묘하고 제사를 올렸고, 가묘家廟에서는 제사를 올리지 않았다. 이것은 또한 주자가 경부敬夫 장식張栻에게 답한 세상의 풍습에 대한 한 구절의 뜻이기도 하다.

先生以俗節墓祭爲非禮 而亦循俗上塚 未嘗祭於家廟 蓋亦朱子答張敬夫俗節一條之意也

선생은 기일에는 술을 내지 않았으며 고기를 받지 않았다. 비록 제사에 참여하지 않더라도 사랑에 머무르며 몸과 마음을 깨끗이 하면서 하루를 지냈다. 손님을 맞을 때에도 마찬가지였다. 하루는 손님이 찾아와서 술을 내려다가 그 사람이 기일인 것을 알고는 바로 그만두고 차를 내도록 했다. 그리고 어느 날 이웃 고을에서 노루고기를 보냈는데, 마침 기일을 맞았으므로 바로 돌려보냈다.

忌日 不設酒不受肉 雖不與祭 齊居外寢以終日 其待人亦如是 一日 客來將設酒 知其有忌 旋令止之 惟設茶而已 隣府送獐 適丁忌日 乃還

선생이 부인의 기일을 맞은 때에 마침 감사監司가 찾아온 적이 있었다. 선생은 기일이라는 말을 하지 않고 평소처럼 술과 고기를 갖추어 상을 차렸다. 다만 들여온 상을 보니 손님과 주인의 반찬이 서로 달랐다. 감사가 그것을 알고는 바로 같이 소식素食을 했다.

先生當夫人忌日 監司來見 先生不稱忌 設酒肉皆如常 但於進肴 賓主異饌 監司知之 乃皆用素

선생은 생일에 술과 음식을 차리지 않았고, 자손들이 오래 사시라고 술잔을 올리는 것도 허락하지 않았으며, 하루 종일 조용히 지내셨다.

生日不設酒食 子孫亦不許獻壽觴 悄然終日

선생이 재실에서 기제사를 지낸 적이 있었다. 누가 '그렇게 하는 것이 예에 맞습니까?' 하고 묻자, 선생은 다음과 같이 대답하셨다.

"사당에서 제사 지내는 것이 예에 맞다. 그러나 간혹 종가에 무슨 일이 있거나 친척들끼리 서로 서먹한 경우 집에서 제사를 지내게 되는데, 그러면 거리낄 일이 많다. 하지만 재실은 곧 무덤이 있는 곳이니 절에서 제사를 지내는 것에는 비할 바가 아니다. 자손들이 여기에 모여서 제사 지내는 것도 괜찮다."

일찍이 선생의 부인 기일에 누가 선생을 모시고 제삿밥을 먹었는데, 다음과 같이 말씀하셨다.

"세상 사람들이 기일에 술과 음식을 차려놓고 이웃을 부르기도 하는데, 이것은 아주 잘못된 예이다. 오늘은 그대가 마침 곁에 있기 때문에 불러서 함께 먹는 것일 뿐이다."

先生或行忌祭于齋宮 或問禮乎 先生曰 祭於廟 禮也 宗家或有故且族屬疏遠 則行祭其家 多有妨礙 齋宮乃墓所 非佛寺之比也 子孫會祭于此 亦無妨

嘗於夫人忌日 某侍食餕餘 先生曰 世人或於忌日 設酒食會隣曲 甚非禮也 今日則君適在傍 故呼與同食耳

일찍이 배우는 이들에게 다음과 같이 이르셨다.

"우리나라 상례喪禮의 기강이 허물어진 것은 이루 말할 수가 없을 정도다. 세상 풍습을 보면 장사를 치르는 날에 상가에서는 으레 술과 음식을 차려서 문상객들을 대접하는데, 무식한 문상객들이 술에 취하기도 하고 밤을 새기도 하니 심하기 이를 데 없다. 그대들은 올바로 처신할 방도를 찾아라."

돌아가시는 날에 미쳐서도 이를 금지하라는 명령을 남기셨는데, '만약 그것이 어려우면 먼 곳에다 음식을 차려 대접하라' 고 하셨다.

嘗謂學者曰 吾東方喪紀廢毁[86] 無可言者 世俗例於葬送之日 喪家必設酒食 以待弔葬之客 客之無知者 或醉或達朝 甚無謂也 君輩其講求處是之道 及易簀之日 遺命禁之 若有所難 則設所於遠處以待之云云

86) 『퇴계어록』에는 喪記廢毁로 되어 있으나 『학봉집』을 참고하여 고쳤다.

선생의 가묘家廟가 온양리溫陽里에 있었는데, 종가의 맏이에게 후사가 없었다. 조카인 진사 이완李完이 마땅히 제사를 이어야 했는데, 그는 이미 다른 곳에 가서 살고 있었고 그곳에 논밭도 마련했으므로 옮겨 오는 것을 어렵게 여겼다. 선생이 도리로 꾸짖으며 거듭 깨우치고 타이르자, 이완이 그의 아들 이종도李宗道로 하여금 돌아와서 살면서 종가의 제사를 받들게 하였다. 선생은 아주 기뻐하며 재물을 내서 살림을 돌보아주었는데, 편안히 정착하는 것을 돕는 일이라면 작은 것 하나까지 놓치지 않으셨다.

종가가 세월이 오래되어 허물어지려 하니, 이종도가 이것을 고치고자 했는데, 집이 가난하여 재목을 마련할 길이 없었다. 그러자 선생은 묘소의 나무를 베어다 쓰게 했다. 누가 묘소의 나무를 베는 것을 의아해 하자 선생께서 다음과 같이 말씀하셨다.

"묘소의 나무를 사사로이 쓴다면 참으로 옳지 않다. 하지만 선산의 나무를 베어서 선조의 사당을 짓고 거기서 제사를 받든다면, 이것은 조상의 사업을 잇는 큰일이다. 무엇 때문에 안 되겠는가?"

선생은 일찍이 묘위전墓位田이 넉넉하지 않아서 종가의 맏이가 편히 살지 못하는 것을 한스러워하셨다. 마침 묘소 옆의 밭을 팔려는 이가 있었는데, 땅이 아주 기름져서 집안사람들이 모두 사려고 했다. 그러자 선생은 규약을 세워 반드시 종가의 맏이가 그것을 사게 했는데, 집안 조카 아무개가 욕심을 이기지 못하고 집안의 규약을 어기고 말았다. 선생은 자신의 덕이 엷은 탓에 집안 사람들이 자신의 말을 믿지 않는다면서 스스로 상심하여 여러 날 동안 슬픈 빛을 띠셨다. 그 사람이 나중에 선생을 뵙고자 했는데, 선생은 거절하고 보지 않으셨다.

先生家廟在溫陽里 宗子無後 姪子進士完當承祀 而已定居于他處 安其田土 以遷徙爲難 先生責以大義 反覆曉諭 完令其子宗道還居以奉宗祀 先生猶以爲喜 出其財力 經紀其家 凡所以周恤安集者 靡所不至 宗家歲久頹落 宗道欲修治 而家貧無以爲材 先生令伐墓木以爲用 或以斬丘木爲疑 先生曰 以之爲私用 則固不可 若取墓山之木 治先祖宮 以奉先祖之祀 則是肯構之大者也 有何不可乎

嘗以墓田不厚 宗子不能安其生爲恨 墓傍適有賣田者 頗膏沃 門族皆欲買占 先生立約 必令宗子買之 有族姪某不能制欲 竟背門約 先生自傷德薄而言不信於門族 蹙然者屢日 其人後欲謁 先生拒之不見

壖何避先生曰在南冥則當如彼在我則亦當如是
以吾之不可學柳下惠可不亦冥乎
先生居鄉見謫後征賦以先下戶而輸之未嘗有逋
稽里胥亦未知為達官家嘗出坐溪邊嗇夫來告曰
今年柏林之葉進賜戶當之先生笑而不答蓋柏林
在溪東今先生戶守之
鄉人志學者或恥居官之列先生曰鄉父兄宗族之
所在矣以隨行為恥何意或曰門地卑微者居右
有[illegible]後之心先生曰鄉之所貴[illegible]也[illegible]

종형

從兄

형님을 따르던 선생의 우애

찰방공이 집에 찾아오면 문밖까지 나가서 맞았으며, 앉는 자리는 손님과 주인을 나누지 않고 한 자리에 차례대로 앉았다. 기쁘고 즐거우면서도 삼가고 공경하는 모습이 바깥으로 오롯이 넘쳐났으니, 바라보고 있으면 그 모습이 사람들에게서 효도와 우애의 마음이 우러나오게 했다.

퇴계는 진성眞城 이씨로 그 집안은 퇴계의 증조인 이정李禎 때부터 경상도 예안현 온계리에 살았다. 퇴계의 아버지 진사 이식李埴은 두 번 장가들었는데, 첫 번째 부인은 예조정랑 김한철金漢哲의 따님이었다. 첫째 부인은 잠潛과 하河 두 아들과 딸을 남기고 젊은 나이에 세상을 떠났다. 그 뒤 다시 장가를 들었는데, 두 번째 부인은 별시위 박치朴緇의 따님으로 의漪, 해瀣, 징澄, 황滉의 네 아들을 낳았다. 네 아들 가운데 넷째가 바로 퇴계 이황이었다. 퇴계는 이렇게 6남 1녀의 막내로 태어났다.

퇴계의 아버지는 그가 태어난 다음 해 세상을 떠났기 때문에, 퇴계는 아버지에 대한 개인적인 기억을 가질 수 없었을 것이다. 하지만 퇴계는 남편을 여의고 가족을 이끌어온 어머니의 사랑 속에서 여러 형제들과 함께 자랐다. 퇴계와 그 형제들은 작은아버지 송재松齋 이우李堣로부터 엄격한 교육을 받았다. 퇴계의 숙부 송재는 문과에 급제하고 벼슬이 호조참판에 이르렀다. 성리학에 조예가 깊어서 퇴계의 학문을 이끌어줄 정도는 아니었지만, 그는 퇴계 형제들 가운데 문과 급제자를 둘이나 낼 정도로 유학의 기초를 다지는 밑거름이 되어주었다.

퇴계의 형제 가운데 문과에 급제한 이는 퇴계와 그의 넷째 형 온계溫溪 이해였다. 온계는 퇴계보다 먼저 과거에 급제하고 동생 또한 과거를 거쳐 관직 생활로 나오도록 이끌어준 버팀목이었다. 퇴계는 학문에 뜻을 두고 과거를 보지 않으려고 했지만, 어머니를 편하게 모시겠다는 생각과 먼저 과거에 급제한 형님의 권유로 벼슬길에 나오게 되었던 것이다. 하지만 온계는 명종이 즉위하고 윤원형 일파가 세력을 잡게 되자 죄를 받아 귀양을 갔다가 거기서 갑자기 세상을 떠났다. 이 사건은 퇴계에게는 커다란 충격이었으며, 그가 관직을 버리고 고향으로 돌아오는 중요한 계기가 되었다.

이 장에 계속 등장하는 찰방공은 퇴계의 다섯째 형인 이징을 가리킨다. 찰방은 지방의 각 역에 배치되어 관원의 왕래와 문서의 연락을 책임졌던 종6품의 관직으로, 이징이 찰방을 지냈던 적이 있는 까닭에 찰방공이라 부르는 것이다.

선생은 늘 스스로를 조용히 지키고 단정하게 살면서 바깥출입을 하지 않으셨다. 그러나 선비들이 모이는 고상한 술자리나 마을 잔치 같은 곳은 가끔 참석하셨다. 친척들에게 기쁜 일이나 궂은 일이 있을 때, 가까우면 직접 가고 멀면 사람을 보내 예를 차렸는데, 나이가 들어서도 그만두지 않으셨다.

찰방공察訪公이 집에 찾아오기라도 하면 문밖까지 나가서 맞았으며, 앉는 자리는 손님과 주인을 나누지 않고 한 자리에 차례대로 앉았다. 기쁘고 즐거우면서도 삼가고 공경하는 모습이 바깥으로 오롯이 넘쳐났으니, 바라보고 있으면 그 모습이 사람들에게서 효도와 우애의 마음이 우러나오게 했다.

先生常守靜端居[87] 未嘗出入 而若斯文雅飮 里社集宴 則亦時往焉 親戚若有吉凶慶弔 則近必親往 遠必使人致禮 至老不廢

察訪公若至宅 則出門奉迎 其坐也不分賓主 必序坐一席 怡愉恭謹之容 睟盎於外 望之 令人生孝悌之心

87) 『퇴계어록』에는 嘗守靜端居로 되어 있으나 『학봉집』을 참고하여 고쳤다.

찰방공은 문을 들어설 때면 늘 선생에게 자리를 양보했는데, 선생은 어쩔 줄 몰라 하며 받아들이지 못하고 몸을 굽히고 서서, "어찌 감히 그렇게 할 수 있겠습니까?" 하고 말씀하셨다.

하루는 배우는 이들에게 다음과 같이 말씀하신 적도 있다.

"옛사람들은 형을 섬기기를 엄한 아버지 섬기듯이 하였다. 바깥을 드나들 때는 부축하고, 집에 머무를 때는 받들어 모셔, 동생으로서 도리를 다하였다. 지금 나에게는 겨우 형님이 한 분 계실 뿐인데도 동생으로서 도리를 다하지 못하고 있으니 한탄스럽다."

察訪公入門 常讓先生 先生蹙然如不自容 鞠躬而立曰 何敢如是 一日語及門生曰 古人事兄 如事嚴父 出入扶持 居處奉養 以盡子弟之道 今我只有一兄 而未得盡子弟之道 可歎

다음과 같이 여쭈었다.

"형제 사이에는 허물이 있어도 서로 말해줄 수 없는 것입니까?"

선생께서 말씀하셨다.

"그것은 처신하기 아주 어려운 일이다. 다만 마땅히 나의 정성된 뜻을 다하여 형제들이 그것을 깊이 느껴 깨닫도록 해야 한다. 그런 다음에야 비로소 형제의 의리에 해를 끼치지 않을 수 있다. 만약 정성된 뜻이 미덥지 못한데도 그대로 말을 해서 바로 꾸짖으면 서로 사이가 벌어지지 않는 경우가 드물 것이다. 그러므로 공자께서 '형과 아우에게는 온화하게 대하여야 한다' 했으니,[88] 진실로 이 때문이다."

問兄弟有過 可相言之否 先生曰 此是最難處事 但當致吾誠意 使之感悟 然後始得無害於義 若誠意不孚 而徒以言語正責之 則不至於相疎者幾希矣 故孔子曰 兄弟怡怡 良以此

88) 『논어』 13, 「자로」편에 다음과 같은 구절이 있다. "자로가 물었다. '어떻게 해야 선비라고 부를 수 있겠습니까? 공자께서 대답하셨다. '간곡하게 권면하고 온화하게 대하면 선비라고 할 수 있다. 벗에게는 간곡하게 권면하는 것이고 형제에게는 온화하게 대하는 것이다.'"

선생은 자손들을 가르칠 때 반드시 『효경孝經』이나 『소학小學』 같은 책으로 먼저 했다. 어느 정도 문리가 통한 다음 사서로 나아갔는데, 잘 짜인 차례가 있어서 그 단계를 건너 뛴 적이 없었다. 자손들이 잘못을 저질러도 심하게 꾸짖지 않고 거듭해서 타이르고 가르쳐서 스스로 느끼고 깨닫도록 했다. 심지어 종들을 대할 때도 괴팍하게 화를 내거나 꾸짖은 적이 없었다. 이에 집안이 기쁘고 즐거우며 정숙하면서도 화목하여 억지로 시키지 않아도 모든 일이 저절로 다스려졌다.

訓誨子孫 必先以孝經小學等書 略通文義 然後及於四書 循循有序 未嘗躐等焉 子孫有過 則不爲峻責 警誨諄復 俾自感悟 雖待婢僕 亦未嘗怪怒嗔罵 閨門內外 怡愉肅穆 無所作爲 而萬事自理焉

嫌何避先生曰在南冥則當如彼在我則亦當如是
以吾之不可學柳下惠可不亦宜乎
先生居鄉凡徭役祗賦必先下戶而輸之未嘗有違
稽里胥亦未知為違官家嘗召坐溪邊書夫來告曰
今年柏林之禁進賜戶當之先生笑而不答蓋柏林
在溪東今先生戶守之
鄉人志學者或恥品官之列先生曰鄉父兄宗族之
所在矣以隨行為恥何意或曰門地卑微者居右宗

행장

行藏

선생의 벼슬살이

선생은 일찍이 벼슬을 하는 것은 도를 행하기 위해서이지, 녹봉을 받아 먹기 위해서가 아니라고 하였다. 그러므로 처음 벼슬을 얻은 때로부터 40년 동안 네 임금을 거쳤음에도 벼슬자리에 나갈지 물러날지 오래 있을지 빨리 떠날지를 결정할 때 한결같이 의리에 따랐다. 의리에 비추어 편치 않으면 반드시 몸을 거두어 물러났으니, 이같이 한 것이 앞뒤로 무려 일곱 차례였다.

퇴계의 일생은 크게 세 시기로 나누어 볼 수 있다. 첫 번째 시기는 태어나서부터 서른셋의 나이에 과거에 급제할 때까지이다. 이 시기 그는 성리학자로서 기본적인 소양을 갖추었고 과거에 급제하여 세상에 자신의 이름을 세웠다. 두 번째 시기는 과거에 급제하여 관직생활을 시작한 때부터 마흔아홉에 풍기군수 자리를 벗어던지고 고향으로 돌아온 때까지이다. 그는 15년이 넘는 기간 동안 서울과 지방의 여러 관직을 거쳤다. 세 번째 시기는 고향으로 돌아와서 세상을 떠날 때까지 학문을 연구하고 제자들을 키우면서 지냈던 때이다. 이 시기 퇴계는 학문과 교육에 온 힘을 기울였지만, 임금의 명령을 끝내 사양하지 못하고 때때로 서울에 올라가 벼슬살이를 했다. 이렇게 보면 퇴계는 중년의 15년가량을 관직에 머물러 있었고, 노년에 접어들어서도 벼슬살이에서 완전히 벗어나지 못했다.

퇴계는 벼슬살이에 대해 서로 모순되는 모습을 보인다. 그는 과거에 급제하고 벼슬길에 나서려는 욕심을 극구 경계하는 말을 하면서도, 실제 벼슬살이에 나서면 온힘을 기울여 자신이 맡은 일을 해내었다. 보통의 경우 선비가 자신의 경륜을 벼슬길에 나가 펼치는 것은 꿈에도 그리는 이상이자 신성한 의무이다. 퇴계는 녹봉을 받기 위해서가 아니라 도를 행하기 위해서 벼슬을 하는 것이라는 말로 그 이상을 드러내었다. 그러면서도 그는 과거에 나서지 않을 수 있으면 나서지 않는 것이 더 좋을 것이라는 입장를 취하고 도를 행하지 못하는 상황인데도 벼슬길에 나서려는 태도를 비난한다.

퇴계가 벼슬살이를 시작했던 때는 기묘사화 이후 김안로가 정권을 잡고 있던 시절이었고, 그가 벼슬을 버리고 고향으로 돌아올 무렵은 을사사화로 수많은 선비들이 목숨을 잃었던 때였다. 이 동안 뜻있는 관리들은 뜻을 잃고 벼슬길에서 내쫓겼으며, 과거를 준비하던 선비들은 낙심하여 사방으로 흩어졌다. 벼슬살이를 하려면 권세가들에게 머리를 숙이고 들어가거나 스스로를 정치의 진흙탕으로 내던져야 하는 시기였다. 그러한 시절이었기에, 퇴계는 스스로 벼슬살이에 나선 것에 대해 대단히 조심스러워 하지 않을 수 없었다. 퇴계의 벼슬살이에 대한 모순적인 태도를 이해하기 위해서는 이러한 상황을 감안해야 한다.

무자년(중종 23, 1528) 봄에 사마시司馬試 복시覆試[89]를 치러 갔는데 합격자 발표를 기다리지도 않고 시골로 돌아와 버렸다. 한강을 건너기 전에 합격 기별을 들었지만 태연히 남쪽으로 가며 기뻐하는 기색도 없었다.

미리 길을 떠난 것은 혹시 급히 돌아가야 할 일이 생겼기 때문에 임금의 은혜에 대한 감사 인사도 하지 않은 것이 아닌가 한다. 〈이것은 전해 들은 이야기라 정말 그랬는지 알 수 없다. 하지만 벼슬길에 나아가고 물러감이 명예나 이익에 휘둘리지 않을 것임은 이미 이 행동에서 조짐이 보인 것이 분명하다.〉

戊子春 赴司馬覆試 不待榜而還鄕 未渡漢江 聞榜奇而南行自若了無喜色 盖已發程 或有亟還之事 故不爲應榜謝恩也 〈此則出於傳聞未知其然否也 明其進退不爲名利所動者 已兆於此行矣〉

89) 사마시는 소과 또는 생원진사시라고도 한다. 사마시는 유교 경전에 대한 지식으로 생원을 뽑는 생원시와, 시부詩賦와 같은 한문 창작 능력으로 진사를 뽑는 진사시로 나눌 수 있다. 시험은 초시와 복시의 두 단계로 치러지는데, 초시는 서울과 각 도에서 합격자를 내었고, 초시의 합격자들이 서울에 모여 복시를 치렀다. 사마시의 합격자들에게는 성균관에 입학할 자격을 부여했고 합격 증서인 백패를 수여했다.

또 말씀하셨다.

"나는 어릴 적부터 병이 많아 사마시에 합격한 뒤로는 전혀 벼슬에 나갈 뜻이 없었다. 그저 어버이를 모시고 병이나 다스리기로 마음먹었다. 그런데 작은 형님이 간곡히 권하시는 바람에 다시 성균관에 들어가 과거 보기를 꾀하였다. 그래서 몇 달 동안 부지런히 노력해보았지만 간섭받는 일들이 너무 많았고, 떠들썩하고 시끄러운 곳에서 지내노라니 정신이 어지러워졌다. 한밤중에 가만히 이 일을 생각하다가 견딜 수 없을 것임을 깨달았다. 마침 얼마 지나지 않아서 과거에 급제했기 때문에 오늘날까지 오게 된 것이지, 그렇지 않았더라면 다시 성균관에 들어가서 과거 급제를 꾀하는 일은 결코 하지 못했을 것이다."

又曰 少多疾病 自中司馬之後 殊無進取之意 惟以奉親養病爲心 爲仲兄敦勸 更作遊泮應擧之計 僶俛數月 事多肘掣 居喧囂 精神眩恍 中夜思之 轉覺不堪 適未幾中第 故以至於今日 不然則再入國庠 以圖決科 決知其不可爲矣

또 말씀하셨다.

"내가 비록 과거를 보았지만 처음에는 성공 여부에 마음을 쓰지 않았다. 스물네 살 때에는 세 차례나 잇달아 낙방하기도 했지만 그래도 낙심하지 않았다. 그런데 어느 날 시골집에 있을 때 갑자기 일 때문에 이 서방을 부르는 사람이 있었다. 나를 부르는 말인가 싶어 천천히 살펴보니, 바로 자기의 늙은 종을 찾는 것이었다. 이 일로 말미암아 나는 탄식하며, '내가 과거에 급제하지 못한 까닭에 이런 욕을 보게 되는구나' 싶었다. 그러고는 문득 잠깐 동안이라도 과거에 급제하고 싶은 마음을 가지게 되었던 것을 깨달았다. 과거 시험이 사람을 흔드는 것이 이렇게 무섭다. 그대들은 조심하라."

又曰 余雖應擧 而初不屑於得失 二十四歲時 連屈三試 亦無落魄意 一日在里第 忽有人有事呼李書房者 意謂招我 徐而察之 則乃人之尋老奴 仍歎曰 我未成一名 故致有此辱也 造次之頃 便覺得失之關心 科目之動人 甚可懼也 君輩戒之

선생께서 일찍이 다음과 같이 말씀하셨다.

"내가 벼슬길에 나아가고 물러남이 앞뒤로 달라 보일 것이다. 앞에는 명령을 들으면 바로 나아갔지만, 뒤에는 임금이 불러도 꼭 사양했고 비록 나아가더라도 구태여 오래 머무르지 않았다. 무릇 자리가 낮으면 책임이 가벼우니 오히려 바로 떠날 수 있지만, 벼슬이 높아지면 맡은 일도 커지니 어찌 가벼이 나아가겠는가? 옛날에 어떤 사람이 높은 벼슬을 받자, 곧바로 나아가며, '임금의 은혜가 이토록 무거우니 어찌 물러날 수 있겠습니까?' 했다는데, 내 생각으로는 그렇지 않은 듯하다. 만약 나아가고 머무르는 의리는 돌아보지도 않고 한갓 임금의 사랑만을 무겁게 여긴다면, 이것은 임금이 신하를 부리고 신하가 임금을 섬기는 것을 예의로써 하지 않고 벼슬과 녹봉으로 하는 것이다. 그것이 옳겠는가?"

先生嘗曰 我之進退 前後似異 前則聞命輒往 後則有徵必辭 雖往不敢留 蓋位卑則責輕 猶可一去 官尊則任大 豈宜輕進 昔有失名人除大官 則輒往曰 上恩至重 何可退而余意則似不然 若不顧出處之義 而徒以君寵爲重 則是君使臣臣事君 不以禮而爵祿也 其可乎

매번 벼슬이 내릴 때면 반드시 근심하며 배우는 이들에게 말씀하셨다.

"평생을 헛된 이름 탓에 여기까지 이르렀다. 내가 누구를 속이겠는가? 하늘을 속이겠는가?"

每有除命 必蹙然謂學者曰 平生爲虛名所累 以至於此 吾誰欺 欺天乎

임금의 명령이 문 앞에 이르면 늘 숨이 가빠올 정도로 긴장해서 급히 관복을 갖추어 입고 문밖으로 마중 나가 맞이하였다. 명령을 받들어 책상 위에 모셔놓고, 섬돌 아래에서 네 번 절한 다음 마루로 올라와 꿇어앉아 읽었으며, 다시 내려가서 네 번 절하였다.

君命至門 必祇慄惕息 亟具冠帶 出門祇迎 奉置案上 下階四拜 然後上堂跪讀 又下階四拜

임금이 부르는 명령이 내려오면 비록 병 때문에 나아가지 못할지라도 늘 편안히 지내지 못하고 밤낮으로 걱정하면서 거두어들이는 다음 명령을 기다렸다. 만약 임금의 허락을 받지 못하면 아픈 몸을 이끌고서라도 길을 나섰으며, 길을 가면서도 사직 상소를 올려 기어코 거두어들이는 명령을 얻고 나서야 그만두었다.

병인년(1566, 명종 21년) 봄에 누가 퇴계 남쪽의 서재에 있을 때, 교지가 내려와 선생을 불렀다. 그러자 선생께서 말씀하셨다.

"자네는 그만 돌아가게. 내가 지금 병 때문에 사직하려는데, 어찌 남들과 함께 강론하겠는가?"

병인년에 누가 성균관에 들어가려 하면서, 서울에 머물면서 슬기로운 대부를 섬기고 어진 선비와 사귀는 방법에 대해 여쭈었다.

"서울에는 당연히 어질고 슬기로운 이들이 많을 텐데, 가서 만나보아 공부에 도움을 얻는 것이 어떻겠습니까?"

선생께서 말씀하셨다.

"자네는 오늘처럼 고요함을 지키기만 하게."

召命每下 雖移疾不起 常坐不安席 夙夜憂惕 以俟後命 如不得允 則或輿疾登道 行且上辭 期於得旨而後已

丙寅春 某在溪南書堂 有旨宣召 先生曰 爾須還去 我方病辭 何敢與人講論

丙寅 某將入泮問居是邦 事大夫之賢者 友士之仁者 都下必多仁賢 往見以資講益何如 先生曰 爾今日第守靜

선생은 관청 문을 들어선 다음부터는 반드시 두 손을 모으고 빠른 걸음을 걸으셨으니 느리게 걸으신 적이 없었다. 일찍이 삼전三殿에 인사드릴 때[90]에도 처음부터 끝까지 가지런하고 재빨라서 단정하였으며, 힘들어하거나 싫증내는 기색이 없었다.

先生入公門 必張拱疾趨 未嘗緩步 嘗爲三殿肅拜 自始至終 齊遬翼如 未嘗有勞倦之色

90) 삼전에 인사드리는 예는 '삼전숙배三殿肅拜'라고 하는데, 관리가 임명장을 받고 나서 임금과 왕비, 세자에게 감사 인사를 드리는 것을 말한다. 대전과 중전, 동궁전에 가서 사은의 예를 행하는데, 대비전이 포함되기도 한다.

선생은 일찍이 벼슬을 하는 것은 도를 행하기 위해서이지, 녹봉을 받아먹기 위해서가 아니라고 하였다. 그러므로 처음 벼슬을 얻은 때로부터 40년 동안 네 임금을 거쳤음에도 벼슬자리에 나아갈지 물러날지 오래 있을지 빨리 떠날지를 결정할 때 한결같이 의리에 따랐다. 의리에 비추어 편치 않으면 반드시 몸을 거두어 물러났으니, 이같이 한 것이 앞뒤로 무려 일곱 차례였다. 누구는 선생이 본디부터 벼슬할 생각이 적었다고 하지만, 이것은 선생을 모르고 하는 소리다.

통정대부通政大夫부터 종1품에 이르기까지는 벼슬에 나간 것이 더욱 적었다. 모두 사양하다가 어쩔 수 없게 된 다음에야 받았으니, 처음부터 선생의 마음은 아니었다.

先生嘗謂仕所以行道 非以干祿 故筮仕四十年 更歷四朝 而仕止久速 一循乎義 義有未安 則必奉身而退 如是前後凡七度 或謂先生本少宦情 非知先生者也 勾通政以至崇品 尤少踐歷 皆辭謝不得已然後受之 本非先生之心也

을사사화 때 선생은 이미 죄인 명단에 들어 있었는데, 이원록李元祿〈이기李芑의 조카, 이행李荇의 아들〉이 힘써 변명해서 구했다.[91] 이에 이기가 도리어 임금께 사죄하고 풀어주었다. 이는 무릇 선생의 수행이 단정하고 깨끗하여 흠이 없어서 소인배들이 찾아내려 해도 찾아낼 수 없었던 것이다. 또 하늘이 이런 인물을 낸 것은 반드시 우연이 아니니, 헐뜯기나 하는 역적들이 해칠 수 있는 바가 아니다.

정미년(1547, 명종 2) 가을, 선생은 병으로 벼슬에서 물러나 시골에 있다가 홍문관弘文館 응교應敎에 임명되었다. 부름을 받고 서울로 올라가다가 배가 양근楊根에 이르렀을 때 비로소 '양재역良才驛 벽서사건壁書事件'[92]에 대해서 들었다. 도성 안으로 들어가기도 전에 홍문관의 서리胥吏가 조보朝報를 가지고 와서 보여주었는데, 큰 화란이 일어나 한때의 이름난 인물들이 죽기도 하고 귀양 가기도 했다는 것이었다. 선생은 이러지도 저러지도 못한 채 맡은 일을 하면서 지방의 벼슬자리를 구하려고 애써 보았지만 뜻대로 되지 않았다. 얼마 지나지 않아 봉성군鳳城君[93]의 옥사가 또 일어나자 홍문관에서는 이에 대한 글을 올리려 했다. 선생은 일이 이미 구할 수 없는 지경임을 알고 홀로 한 마디도 하지 않았다. 오래지 않아 병을 핑계로 조정에 나오지 않다가 이어서 단양군수丹陽郡守가 되어 나갔다. 홍문관에서 글을 올릴 적에 선생이 홍문관에 재직하고 있었으므로 선생의 이름이 두 편의 글에 실렸는데, 사람들이 이것을 가지고 의심하기도 한다.〈선생이 이에 대한 물음에 답한 것이 이

정而精 김취려에게 있어서 확인할 수 있다.〉

乙巳之亂 先生已入罪籍 李元祿〈芑之姪 荇之子〉申救甚力 李芑乃反待罪而解之 蓋先生修行端潔 無有疵纇 小人雖欲捃摭而不可得 且天之生斯人 必非偶然 豈讒賊之所能害哉

丁未秋 先生病退在鄕 拜弘文館應敎 承召赴京 舟到楊根 始聞良才壁書之變 未入城 堂吏以朝報來示 則大禍已作 一時名流 或死或竄 先生進退維谷 僶俛供職 方謀乞外 而未得其便 未幾鳳城君之獄又起 方玉堂上箚也 先生知事不可救 獨無一言 未久 移疾不出 仍出守丹陽 上箚之時 先生在玉堂 故名列兩箚[94] 人或以是疑之〈先生答問 在金而精 可考也〉

91) 을사사화는 1545년(명종 즉위년)에 일어난 정치적 변란으로 수많은 사림들이 죽거나 귀양 간 사건이다. 중종 말년, 장경왕후 윤씨에게서 난 세자를 비호하는 세력과 장경왕후가 죽은 뒤 왕비가 된 문정왕후와 그가 낳은 아들인 경원대군을 따르는 세력이 대립하였는데, 전자를 대윤大尹, 후자를 소윤小尹이라고 했다. 갈등 속에서 인종이 즉위하였으나 왕위에 오른 지 여덟 달 만에 세상을 떠나고 말았다. 이에 경원대군이 왕위를 이어 즉위하였으니 곧 명종이다. 명종이 즉위하자 소윤은 대윤 세력을 역모로 몰아 제거했는데, 이 사건을 을사사화라고 한다. 을사사화의 주역은 소윤의 영수 윤원형이었고 그와 손을 잡아 일을 꾸민 대표적 인물이 바로 이기였다. 이행은 이기의 동생이고 이원록은 이행의 아들이다. 퇴계도 이기의 요청으로 관직을 빼앗겼다가 다시 되돌려받았다.

조정에서 벼슬하고 있을 때는 조용히 스스로를 지켜 임금의 신임을 받는 권력자의 집에는 발길을 끊었다. 비록 예전부터 아는 사이라 해도 번거롭게 오간 적이 없었다. 선생을 따르는 이들은 모두 한때의 이름 있는 인물들이었고, 선생이 만나고 이끄는 이들은 반드시 학문을 좇는 선비들이었다.

立朝之日 靜以自守 絶迹權幸之門 雖知舊間 亦未嘗僕僕往來 其所從遊者 皆一時之望 其所接引者 必向學之士

92) 양재역 벽서사건은 1547년(명종 2) 9월 경기도 과천 양재역에서 '위로는 여자 군주, 아래로는 간신 이기가 있어 나라가 망할 것' 이라는 내용의 벽서가 발견된 사건을 말한다. 정권을 잡고 있던 소윤 세력은 을사사화의 처벌이 미흡해서 이런 사건이 일어났다고 하면서 남아있던 사림 세력을 추가로 처벌하였다.

93) 봉성군(?~1547)의 이름은 완岏이다. 중종의 아들이며 어머니는 희빈熙嬪 홍씨이다. 소윤 세력이 꾸민 역모 사건에 걸려 유배되었다가 죽음을 당하였다.

94) 『퇴계어록』에는 各別兩箚로 되어 있으나 『학봉집』을 참고하여 고쳤다.

풍기군에는 소백산이 있는데 곧 남쪽 지방의 이름난 산이다. 선생은 일찍이 여름이면 말을 몰고 홀로 가서 산을 올라 여러 날 지내다 돌아오시곤 하셨으니, 훌쩍 떠나시는 거침없는 모습에 남악南岳의 흥이 있었다.[95)]

郡有小白山 乃南紀之名山也 先生嘗夏跋馬獨往 登陟岡巒 累日方返 飄然有南岳之興

95) 퇴계가 소백산을 유람하고 남긴 글이 있다. 『퇴계집』 41, 잡저, 「유소백산록遊小白山錄」.

선조가 갓 즉위했을 무렵 선생은 예조 판서를 그만두었는데, 사직서가 받아들여지기도 전에 고향으로 돌아갔다. 그러자 사람들이 모두 그 처신을 의심했다. 그러나 그것은 고봉高峯 기대승奇大升[96)]을 비롯한 여러 어진 이들이 조정에 많이 모여서, 경연 자리가 있을 때마다 선생의 도덕과 행실이 정자나 주자에 못지않으니, 시급히 불러 써서 도를 행하고 시대를 구하는 바탕으로 삼지 않을 수 없다고까지 말했기 때문이었다. 선생은 그 말을 듣고 즐거워하지 않았다.

하루는 어떤 제자가 아뢰기를, "고봉 등 여러 사람들의 뜻은, 모두 선생님이 정승이 된 다음이라야 우리의 도가 행해질 수 있다고 여기며, 임금을 뵙자고 청해서 아뢰어야 마땅하다고들 합니다" 하였다.

선생은 깜짝 놀라 벗들에게 알리지도 않고 훌쩍 남쪽으로 가버리셨다. 무릇 선생의 뜻은 진심으로 혐의를 멀리 피하고자 한 것이다. 아무 이유도 없이 급히 떠난 것이 아니었다.

宣廟初年 先生以禮判辭遞 未及呈告還鄕 人皆疑之 蓋奇高峯等諸賢 多聚于朝廷 每筵席 極言先生道德行義 無愧於程朱 不可不急先招用 爲行道濟世之地 先生已聞而不樂 一日門人告曰 高峯諸賢之意 皆以爲先生入相 然後吾道可行 當請對陳啓云 先生瞿然 卽不告諸友 翩然南行 蓋先生之意 深欲遠避嫌疑 非無故而速行者也

96) 기대승(1527~1572)의 자는 명언明彦, 호는 고봉이다. 기묘사화 때 화를 입은 기준奇遵의 조카이며 퇴계의 문인이다. 명종 때 과거에 급제하여 관직에 진출했으며, 퇴계와 사단칠정에 대해 논변한 것으로 유명하다.

한바탕 사변이 있고 나자 선생은 도를 행할 뜻이 없어 단양丹陽 군수로 나갔는데, 대개 앞으로 벼슬을 그만두고 시골로 돌아가려고 꾀하였기 때문이다. 업무를 보다 여가가 나면 오직 책을 보며 스스로 즐겼으며, 혼자서 구담龜潭, 석문石門 같은 곳을 찾아가서 하루 종일 거닐다가 돌아왔다.[97] 군을 다스림에 있어서는 청렴함과 품격이 옛사람보다 뛰어났고, 벼슬을 그만두고 돌아올 적에는 행장이 쓸쓸하여 겨우 수석 두 개만 실려 있었을 뿐 나머지 물건이 없었다. 풍기豐基 군수로 옮기고는 학교에 관심을 가졌다. 무릉도인武陵道人 신재愼齋 주세붕周世鵬[98]이 일찍이 '백운동서원白雲洞書院'을 창건했는데, 아직 일을 다 끝내지 못하고 있었다. 선생은 관찰사에게 글을 올려 조정에 전달하도록 했는데, 나라에서 서원에 이름을 내리고 책을 나누어주는 일은 선생으로부터 시작된 것이다. 선생은 겨를이 있는 날이면 서원에 가서 학생들과 더불어 부지런히 학문을 닦았는데, 반드시 옛사람들이 스스로의 수양에 뜻을 두고 했던 학문을 정성스레 되풀이해서 알려주었다. 과거 공부에 대해서는 비록 금지하지는 않았으나 권하는 바가 아니었다.

時事一變 先生無意行道 丹陽之出 蓋將爲賦歸計也 簿書之暇 惟以書史自娛[99] 或獨往龜潭石門之間 徜徉其治郡也 琴鶴淸風 邁古無前比還 行李蕭然 只載二箇怪石而已 更無餘物焉 移守豐基 留意學校 武陵周愼齋曾刱白雲書院 而事尙未竟 先生上書方伯 轉達于朝 其賜額頒書 蓋自先生始也 暇日到院中 與諸生講學不倦 必以古人爲己之學 諄復告諭 至於科業 則雖莫之禁 而非其所勸也

---

97) 단양의 이름난 명승지를 모아 단양팔경이라고 일컫는데, 구담과 석문도 거기에 포함된다. 단양팔경은 하선암下仙巖, 중선암中仙巖, 상선암上仙巖, 구담봉龜潭峰, 옥순봉玉筍峰, 도담삼봉島潭三峰, 석문石門, 사인암舍人巖이다.

98) 주세붕(1495~1554)의 자는 경유景游이고 호는 신재·무릉도인이다. 중종 때 과거에 급제하여 관직에 진출하였으며 풍기군수로 있으면서 백운동서원을 건립하였다. 백운동서원은 주자가 세웠던 백록동서원을 본떠 만든 사림 자제들의 교육기관이었는데, 우리나라에 세워진 최초의 서원이었다. 그 뒤 퇴계가 풍기군수로 부임하자 서원에 현판과 함께 노비와 서적을 내려주도록 청원하여 이루어졌다. 국가로부터 이러한 특전을 받은 서원을 '사액서원'이라고 하는데, 백운동서원이 바로 우리나라 최초의 사액서원이다. 백운동서원은 이때 '소수紹修'라는 이름과 함께 서적과 노비를 내려받았는데, 바로 오늘날의 '소수서원'이다.

99) 『퇴계어록』에는 惟以書史自悟로 되어 있으나 『학봉집』을 참고하여 고쳤다.

고을을 다스리는 일은 한결같이 쉽고 조용하여 시끄럽지 않는 것을 높게 여겼다. 백성에게서 걷는 세금은 비록 아주 가볍고 간략했으나, 백성들이 마땅히 해야 할 일은 또한 늘리거나 줄이지 않았다. 도리에 어긋나게 명예를 구하는 일을 하지 않았기 때문에 고을을 다스리는 동안 빛나는 명성은 없었다. 사람들은 선생이 신재 주세붕만 못하다고 말하기도 했다. 무릇 신재는 정치를 하면서 자못 술수를 써서 고을 백성들을 뒤흔드는 까닭에 백성들은 거기에 쏠려서 칭송했던 것이다. 하지만 선생은 답답할 정도로 성실할 뿐 꾸미지 않고 한결같이 바르게만 했다. 그래서 사람들은 하루의 계획으로는 부족하나 한 해의 계획으로는 남음이 있음을 모르고 그렇게 말했던 것이다. 그러나 이것으로 어찌 선생을 가벼우니 무거우니 논하기에 충분하겠는가? 그리고 아전과 백성들을 한결같이 성실과 믿음으로 대하였으니, 그들이 속일 것이라고 미리 짐작하지 않았다.

吏治一以簡靜不擾爲尙 其收賦於民也 雖甚輕約 而若民所當爲者亦無所增減 不爲違道干譽之事 故居郡無赫赫之聲 人謂先生不及於周愼齋云 蓋愼齋爲政 頗用術數 顚倒一郡之民 故民翕然稱之 先生悃愊無華 一以其正 人不知日計不足 而歲計有餘故云耳 然此豈足以論輕重乎 其待吏民 一以誠信 不逆其欺詐也

도산道山의 독서당에 들었을 때,[100] 동료들은 모두 아무 제약도 받지 않고 거리낌 없이 술 마시고 시 읊는 일로 나날을 보냈다. 선생은 홀로 하루 종일 단정하게 앉아 있거나 문을 닫고 글을 읽거나 했다. 비록 때때로 여러 사람들과 어울려 놀러 다니기도 했지만, 또한 방탕한 데에까지는 이르지 않았다. 동료들은 모두 그의 고상한 뜻과 몸가짐을 존경했으며, 자신과 다르다며 시기하지는 않았다.

道山賜暇之日 同僚皆放曠無檢 日以觴詠爲事 先生獨終日端坐 或閉戶觀書 雖時與諸人遊賞 而亦不至流蕩 同僚皆雅敬志操 不以異己嫉之

100) 퇴계가 독서당에 들어간 것은 1541년(중종 36)의 일이다. 조선시대에는 젊고 유능한 문신에게 독서에 전념할 수 있도록 휴가를 주는 제도가 있었는데 이를 '사가독서賜暇讀書' 제도라고 한다. 중종 때 오늘날 동호대교 북단 근처인 두모포豆毛浦에 동호독서당을 설치했는데, 이곳은 사가독서의 중심지가 되어 많은 인재들이 이곳을 거쳐 갔다.

성균관의 유생들이 음식의 좋고 나쁨을 가지고 선비를 잘 기르니 못 기르니 하면서 조금이라도 마음에 들지 않으면 헐뜯는 논의가 들끓었다. 어떤 관원들은 그릇되게 유생들의 칭찬을 바라며 끼니를 아주 넉넉하게 제공했는데, 그 때문에 곳간은 텅 비게 되고 일을 맡은 종들마저 버티지 못하게 되었다. 선생은 이를 매우 비루하게 여기고 있었는데, 대사성이 되자 오직 예의禮義로써 선비를 기를 뿐, 먹는 것에는 힘을 쓰지 않았다. 그러자 성균관의 유생들은 모두 이상하게 여기면서 화를 냈다. 선생은 선비들의 기풍을 바꿀 수 없음을 아시고 얼마 지나지 않아 병을 핑계로 나오지 않았다.

館學儒生 以飮食美惡 爲養士之能否 少不如意 則謗議沸騰 官員或曲爲要譽 供頓極其豐美 庫子蕩盡 典僕亦不支 先生甚鄙陋之 及爲學官 惟以禮義養士 而口體之養 不爲致力 館中皆怪怒 先生知士習不可變 未幾移疾不出

서울에 있을 때 윤원형이 동방同榜 모임을 했다. 선생은 병을 핑계로 가지 않았다.[101]

在都 尹元衡爲榜會 先生稱疾不往

101) 윤원형은 중종 28년(1533) 별시문과에서 을과 2등으로 급제했고, 퇴계는 중종 29년(1534) 식년시에서 을과 1등으로 급제했다.

무오년에 부름을 받아 벼슬길에 나갔는데,[102] 그때는 윤원형尹元衡이 권력을 잡고 있어 바야흐로 조정이 흐리고 어지러웠다. 이에 어떤 사관史官이 선생이 벼슬길에 나선 것을 나무랐다. 아마 선생의 마음을 몰랐기 때문에 그런 것 같다. 처음에 명종이 부르는 명령을 여러 번 내렸음에도 오히려 굳게 사양한 것은 정말로 나갈 수 없는 때였기 때문이었다. 그런데 부르는 말에 점점 준엄해져서 '나는 함께 일을 하기에 부족한가?' 하는 분부가 나오는 데에 이르렀다. 선생은 그 말을 듣고 놀라서 억지로 대궐에 나아갔지만, 그것은 선생의 마음이 아니었다. 그러므로 대사성과 공조참판 벼슬을 받았지만 맡아서 일할 마음을 먹지 않았다. 그리고 서울에 있는 한 해 동안 특별한 직무가 없는 산직散職에만 오래 머물렀다. 그러니 누가 선생을 보고 벼슬길에 나아가고 물러나는 데 어둡다 하겠는가?

戊午赴召時[103] 尹元衡當國 方朝廷濁亂 有一史官譏其出處 蓋不知先生心事也 初明廟召命累下 而猶堅辭者 政以時不可出也 徵召漸峻 至有予不足與有爲之敎 先生聞命瞿然 僶俛詣闕 然非其心也 故除大司成工曹參判 而未嘗爲供職計 在都一年 長在散秩 孰謂先生 昧於行止乎

102) 『퇴계어록』에는 병진년으로 기록되어 있으나 『학봉집』을 참고하여 고쳤다. 병진년은 1556(명종 11)년이고 무오년은 1558(명종 13)년이다. 퇴계가 대사성과 공조참판에 임명된 것은 무오년의 일이다.

103) 『퇴계어록』에는 丙辰年嘗赴召時로 되어 있으나 『학봉집』을 참고하여 고쳤다.

선생은 대사성이 되자 사람을 키우는 것을 자신의 임무로 여기시고 서울의 네 학교에 통문을 내어 학문에 힘쓰도록 권하셨다. 또 학문을 하는 도리에 대한 책문策問을 냈다.[104] 이때 선비들의 기풍이 이미 무너져, 오히려 선생의 책문을 오활하다 할 뿐, 한 사람도 대책을 내는 사람이 없었다.

爲大司成 以作人爲己任 通文四學 以勸勉 又發策問 以爲學之道 時士習已敗 反以爲迂 無一人對策者

104) 『퇴계집』 41, 잡저, 「사학의 스승과 학생에게 유시하는 글 諭四學師生文」

선생은 일찍이 초야에 있으면서 관직을 가진 것을 편치 않게 여겨, 여러 해 동안 벼슬에서 물러나겠다고 아뢰었는데, 을축년(1565, 명종20)에 명종께서 비로소 허락하였다. 선생은 임금의 명령을 받들고 기쁜 기색을 드러내며 옆에 있는 이들을 돌아보며, "내가 이제야 비로소 임금으로부터 놓여난 몸이 되었다" 하시고는, 여덟 수의 시를 지어 그 기쁨을 기록하였다.[105]

先生嘗以在野朝銜爲未安 控辭累年 乙丑 明廟始許之 先生感戴天恩 喜形于色 顧謂左右 余自此始爲天放之身矣 賦詩八章以記喜

105) 『퇴계독립』 2, 시, 「임금의 은혜를 입어 드디어 물러나라는 허락을 받다. 감격스럽고 경사스러워 스스로 여덟 마디의 시를 짓다 伏蒙天恩 許遂退間 且感且慶 自述八絶」

명종의 장례 때에 선생은 『국조오례의』의 임금과 신하의 상례가 인륜에 어그러진 것이 많다고 보아, 임금과 신하 사이의 상복에 대한 주자의 논의를 참고하여 의례를 알맞게 고쳐 다시 정하고자 했다. 그래서 그렇게 예조에 일렀으나 예조의 당상들은 어렵게 여겼다. 그래서 결국 논의가 중단되고 말았다.

明廟初喪 先生以爲五禮儀君臣喪制多不倫 欲依朱子君臣服儀 參酌更定 諭諸禮曹 禮曹堂上難之 議遂寢

선생은 일찍이 임금이 어짊[仁]의 실체와 구조를 알지 못하고 하늘과 땅의 모든 사물이 나와 아무런 상관이 없다고 한다면, 한 꺼풀 밖이 모두 초나라나 월나라처럼 멀어진다고 여겼다. 그래서 선조가 즉위한 처음에 「서명西銘」을 강의하겠다고 청했다.[106)]

先生嘗以爲人君不識仁之體段 故天地萬物 與吾不相干 一膜之外 皆爲楚越 故於宣廟卽位之初 請講西銘

106) 임금이 어진 마음으로 백성들을 살필 생각을 하지 않고 눈을 감아버리면 눈꺼풀 바깥은 바로 오랑캐들이 사는 먼 나라의 일이 되어버린다. 「서명」은 송나라의 성리학자 장재가 지은 글로서, 인간을 구성하는 기는 천지를 가득 채운 기와 다른 것이 아니라는 것을 깨닫고, 천지는 내 부모이고, 사람들은 나의 동포이며, 만물은 모두 나의 친구라는 것을 알아, 이들을 위해 자신을 헌신해야 한다는 내용이다. 퇴계는 이것을 선조 즉위초에 경연에서 강의했는데, 「서명고증강의」라는 이름의 글로 정리되어 있다.

嫌何避先生曰在南宜則當如役在我則亦當如是
以吾之不可學柳下惠可不亦宜乎
先生居鄉凡請役征賦必先下戶而輸之未嘗有逋
稽里胥亦未知為違官家嘗出坐溪邊當夫來告曰
今年柏林之葉進賜戶當之先生笑而不答蓋柏林
在溪東令先生戶守之
鄉人志學者或恥品官之列先生曰鄉父兄宗族之
所在矣以隨行為恥何意哉曰門地卑微者居右[illegible]

사수

선물을 주고받는 의리

남이 선물을 보내면 비록 그것이 의리에 맞지 않는 것이 아니더라도 꼭 많은 것은 사양하고 적은 것만 받았다. 일찍이 누가 꿩 두 마리를 드린 적이 있는데, 한 마리만 두고 한 마리는 돌려보냈다. 나머지도 다 이런 식이었다.

선물이라고 하면 특별한 날 가족이나 친구끼리 주고받거나 명절 때 인사차 보내고 받는 소소한 물건을 떠올릴 것이다. 더러는 이해가 얽힌 사람에게 아주 비싼 물건을 뇌물로 보내놓고 선물이라고 우긴다는 이야기를 듣기도 한다. 오늘날 우리가 생각할 수 있는 선물이란 그저 이런 것들이다.

하지만 퇴계가 살았던 시대에 선물이란 오늘날과는 사뭇 다른 것이었다. 그때 선물을 주고받는 일은 일종의 경제 활동이었다. 당시의 양반들은 서로 오가면서 형편에 따라 여러 가지 선물을 주고받았다. 선물이라고 해도 오늘날처럼 물건을 살 때 돈을 주고받지도 않았고 공장에서 생산된 제품이 있는 것이 아니니, 먹고 입는 것과 관련된 물품들과 소소한 생활 용품이 주로 오가는 품목이었다. 그때도 때맞춰 서는 장에 나가서 물건을 사고팔고 했지만, 장에 나오는 물건이 그렇게 다양하지도 않았고 돈이 아니라 베나 쌀을 주고 물건을 사야 했으니 불편하기도 했다. 그래서 당시 선물로 들어오는 물건들은 가정 경제를 꾸려나가는 데 상당한 몫을 차지했다. 양반들은 서로 필요한 물건을 보내달라고 청하는 편지 보내기를 전혀 어색해 하지 않을 정도였다.

그렇기 때문에 선물을 주고받지 않는다는 것은 생각하기 어려웠다. 부정한 방법으로 모은 재물이라고 짐작되면 상대방의 선물을 아예 거절하겠다는 생각은 상당히 급진적인 생각이었을 것이다. 퇴계도 그러한 생각에 동조하지 않았다. 하지만 그럴수록 그것이 의리에 맞는 것인지 판단하는 것이 어려웠을 것이다. 오늘날에도 사소한 일상의 관행이라는 이름으로 얼마나 많은 비리가 저질러지는가! 퇴계는 그러한 상황에서도 어떤 것이 의리에 합당한 것인지 신중히 고민해서 행동했다. 늘 오가는 선물을 보며 재물에 마음을 빼앗기지 않고 스스로를 지키는 것이 쉽지만은 않았을 것이다.

선생은 선물을 받을 때 아주 엄하셨다. 만약 의리에 맞지 않으면 작은 물건 하나라도 남과 주고받지 않았다. 하지만 고을의 수령이 오가는 예로 선물을 보내는 경우에는 또한 굳이 사양하지 않았다. 그런데 그때 아주 청렴하지 못한 관리 한 사람이 자주 선생을 찾아와 뵈었고, 가끔 선물을 보냈는데 선생 또한 그것을 받았다. 제자인 조목趙穆은 그렇게 받는 것을 아주 싫어했지만 왜 그랬는지 여쭈어 보지는 못했다. 그렇지만 내가 미루어 짐작해보면, 선생은 떳떳하지 못하게 받은 것이 아니다. 『맹자』의 각지불공장卻之不恭章을 자세히 살펴보면 그 뜻을 깨달을 수 있을 것이다.[107]

先生嚴於辭受之際 苟非其義 一介不以取予於人 若州縣官 以交際之禮來饋 則亦不苟辭 時有一官頗不廉 數來展謁 時或致物 先生亦受之 門人趙穆甚不悅其納 雖未及致問 然以愚忖之 先生非苟受也 細觀孟子却之不恭章 則可意會耳

107) 『맹자』의 '각지불공장'이란 「만장萬章」 하下의 네 번째 절을 가리킨다. 그 내용은 다음과 같다.

만장이 물었다.

"예물을 돌려보내는 것을 왜 공손하지 않다고 합니까?"

맹자가 대답했다.

"높은 이가 예물을 보냈는데, 의로운가, 의롭지 않은가를 따진 다음에 받으니, 이것을 공손하지 않다고 한 것이다. 그러므로 돌려보내지 않는다."

만장이 물었다.

"다시, 여쭙겠습니다. 말로 거절하지 않고 마음으로 거절하여 '백성에게 뺏은 것이니 의롭지 않다' 고 여기면서 다른 말로 핑계를 대며 받지 않는 것도 옳지 않습니까?"

맹자가 대답하였다.

"그 사귐을 도리로 하고, 그 만남을 예의로 하면 이것은 공자께서도 받으셨다."

만장이 물었다.

"인적이 뜸한 곳에서 사람을 죽이고 물건을 뺏은 자가 사귐을 도리로 하면서 예의바르게 예물을 보낸다면 그 뺏은 물건을 받을 수 있습니까?"

맹자가 대답하였다.

"받을 수 없다. 『서경』「강고康誥」편에 이르기를, '재물 때문에 사람을 죽여서 버리고 태연히 죽음을 두려워하지 않으면 백성이 원망하지 않음이 없다' 했으니, 이는 훈계도 없이 사형에 처할 자이다. 어찌 그 물건을 받겠는가?"

만장이 물었다.

"오늘날 제후가 백성의 재물을 뺏는 것이 위에서 말한 강도와 같은데, 그저 예의바르게 교제를 잘하면 군자도 받는다 하시니, 그게 무슨 말인지 감히 묻습니다."

맹자가 대답하였다.

"자네 생각에 만약 훌륭한 임금이 나온다면 오늘날의 제후들을 잇달아 다 죽일 것 같은가, 아니면 가르쳐보고 그래도 고치지 않는 다음에야 죽일 것 같은가? 자기 것이 아닌 것을 빼앗는 자를 강도라고 하는 것은 비슷한 극단적인 예를 든 것이다. 공자께서 노나라에서 벼슬하실 때 노나라 사람들이 엽교獵較를 하자 공자께서도 엽교를 하셨다. 엽교도 하는데 예물을 받지 못하겠는가?"

(엽교는 사냥을 서로 겨루어 빼앗은 짐승으로 제사를 지내는 것이라고도 하고 사냥을 나가 누가 더 많은 짐승을 잡는지 겨루는 것이라고도 한다.)

남이 선물을 보내면 비록 그것이 의리에 맞지 않는 것이 아니더라도 꼭 많은 것은 사양하고 적은 것만 받았다. 일찍이 누가 꿩 두 마리를 드린 적이 있는데, 한 마리만 두고 한 마리는 돌려보냈다. 나머지도 다 이런 식이었다.

人有所饋 雖非不義之物 必辭其多 而受其少 嘗有獻山梁二首 留一而還其一 其他類是

고을에서 선물을 보내오기라도 하면 반드시 먼저 찰방공께 보내었고, 다음으로 이웃, 친척 및 와서 배우는 제자들에게 나누어 주었으며, 집에 남겨 둔 적이 없었다. 서울에 있을 때는 받는 봉급이 혼자 쓰기에 넉넉했으므로 나머지는 모두 친구들을 두루 도와주는 데 썼다. 반드시 가깝고 먼 정도와 부자인지 가난한지를 헤아렸기 때문에 의가 상한 적이 없었다.

州府若有饋遺 則必先送于察訪公 次分于隣曲親戚及門人之來學者 未嘗留惠於家 在京俸祿所入 足以自贍 餘皆周卹親舊 而必以親疏貧富爲度 未嘗傷惠焉

婦何避先生曰在向宜則當出役在我則亦當如是
以吾之不可學柳下惠可不亦宜乎
先生居鄉凡諸役征賦必先下戶而輸之未嘗有違
稽里胥亦未知為達官家嘗出坐溪邊書夫來告曰
今年柏林之禁進賜戶當之先生笑而不答蓋柏林
在溪東今先生戶守之
鄉人志學者或恥品官之列先生曰鄉父兄宗族之
所在矣以隨行為恥何意或曰門地卑微者居右[illegible]

접인

接人

손님맞이

선생은 벼슬에서 물러나 있을 때에도 귀한 손님이 찾아오면 반드시 당상관의 관복을 차려 입으셨는데, 다만 모자를 쓰지 않고 허리띠를 띠지 않았다. 손님을 맞고 보낼 때 반드시 대문 바깥까지 나갔고, 마루를 오르내리고 인사를 하는 것 같은 손님을 예우하는 행동이 법도에 맞아 한 치도 어긋나지 않았다.

흔히들 '봉제사 접빈객'은 양반 가문의 가장 큰 일이라는 말을 한다. 그만큼 번듯한 양반 가문일수록 제사를 지내는 횟수가 많고 손님을 넉넉하게 대접한다는 뜻일 것이다. 오늘날 종가에 내려오는 특별한 음식이란 것도 알고 보면 대개 봉제사 접빈객에서 남달라 보이기 위해 대대로 집안의 부인들에게 비결로 전해진 것이다. 이처럼 제사를 지내고 손님을 맞는 일은 양반 가문의 기본적이고 일상적인 일이면서도 가문의 위상과 격조가 드러나는 일이었다.

그렇다고는 해도 오는 손님이라고 누구나 잘 대접할 수는 없는 노릇이었다. 그러니 상대방이 누구인가에 따라 대접이 달라질 수밖에 없었을 것이다. 특히 선비로서 자부심이 강했던 사림 계열의 양반들은 소양을 갖추지 못한 이들을 낮추어 보기 십상이었다.

그러나 퇴계는 문인들이 의아해 할 정도로 공손한 태도로 손님을 맞았다. 퇴계를 찾아오는 손님 가운데는 거칠고 오만해서 인간적으로 부족한 사람도 있었고, 신분이 낮아서 양반들로서는 업신여기게 되는 사람도 있었으며, 권력자에게 빌붙어 세도를 부리는 사람도 있었다. 하지만 퇴계는 사람들의 이런 허물 때문에 그들을 냉정하게 대하지 않았다. 퇴계의 이런 손님 맞는 태도는 아마도 남을 대할 때 '스스로 허물을 고쳐서 새롭게 되기를 바랐다'는 선생의 너그러운 품성 때문이었을 것이다.

손님이 오면 늘 술과 음식을 대접했는데, 반드시 집안사람들에게 그것을 갖추도록 미리 일렀지, 손님을 맞아놓고 말한 적이 없었다.

客來常有酒食[108] 必豫教家人以供具之 未嘗對客言之

108) 『퇴계어록』에는 客來嘗有酒食으로 되어 있으나 『학봉집』을 참고하여 고쳤다.

선생은 벼슬에서 물러나 있을 때에도 귀한 손님이 찾아오면 반드시 당상관의 관복을 차려 입으셨는데, 다만 모자를 쓰지 않고 허리띠를 띠지 않았다.[109] 손님을 맞고 보낼 때 반드시 대문 바깥까지 나갔고, 마루를 오르내리고 인사를 하는 것 같은 손님을 예우하는 행동이 법도에 맞아 한 치도 어긋나지 않았다.

先生退居 若有尊客 則必具堂上冠服 但不著帽束品帶 送迎必於大門外 升降揖遜 動中規矩 不失尺寸焉

109) 관복을 갖추어 입으려면 머리에는 사모紗帽를 써야 하고, 허리에는 품대品帶라는 허리띠를 둘러야 하며, 신도 갖추어 신어야 한다. 사모나 띠는 관직의 품계에 따라 재료나 모양이 달랐다.

선생은 사람을 맞을 때 기쁘거나 화가 나도 그 기색을 드러내지 않았다. 영천榮川의 원이던 이명李銘은 본디 거칠고 오만했는데, 선생을 뵈러 온 적이 있었다. 그는 거만하고 무례하여 함부로 기침을 하고 침을 뱉었으며, 병풍이나 족자를 손가락으로 짚으며 글씨와 그림을 평했는데도, 선생은 그를 따르면서 응답했다. 곁에서 모시던 이들은 모두 성난 기색이 있었지만, 선생은 거의 그런 낌새를 얼굴에 나타내지 않으셨다.

先生待人 喜怒不形於色 榮川倅李銘素悖慢 嘗來謁 倨傲無禮 咳唾自若 指點屛簇 評論書畫 先生隨而答之 侍坐者皆有慍色 而先生略無幾微見於顔面

선생은 남을 아주 너그럽게 대했다. 아주 큰 잘못이 있지 않고서야 관계를 끊은 적이 없었으며, 모든 것을 포용하고 가르쳐서, 스스로 허물을 고쳐 새롭게 되기를 바랐다.

先生待人甚恕 苟無大故 則未嘗絶之 皆容而敎之 冀其遷改而自新焉

녹사錄事 양성의梁成義란 사람이 있었는데 선생이 사시던 곳의 현감縣監이 되었다.[110] 선비들은 모두 그 사람됨을 천하게 여겼으나, 선생은 백성을 다스리는 수령에 대한 예의를 다하여, 오래 지나도 더욱 공경하였다. 그러나 양성의는 도리어 자기가 그 땅의 수령이라는 높은 지위에 있음을 뽐내었다. 그가 이곳의 발담을 찾아왔다가 심부름꾼을 보내어 선생을 청한 적이 있었는데, 말투가 몹시 거만하였다. 선생께서는 병을 핑계로 사양하고 봉화奉化를 시켜 가 보게 하였다.[111] 이를 들은 사람들이 모두 의심하며 화를 냈으나, 선생은 끝내 그의 잘못을 말씀하지 않으셨다.

有錄事梁成義者 爲本縣縣監 士人皆賤其爲人 先生盡其民主之禮 久而愈敬 成義反挾地主之尊 嘗到漁梁 伻邀先生 辭甚倨傲 先生辭以疾 令奉化往見 聞者皆怪怒 而先生終不言其失

110) 녹사는 중앙이나 지방의 관아에서 행정 실무를 맡았던 상급 서리인데, 오랫동안 서리로서 일한 뒤 승진하여 수령이 되는 경우가 있었다.

111) 봉화는 봉화현감을 지낸 퇴계의 아들 이준李寯을 가리킨다.

이감李戡이 아직 쫓겨나기 전에 경상도 관찰사가 된 적이 있었는데, 서당으로 찾아오자 선생은 그를 만나셨다. 나중에 이감이 당파인 이량李樑과 함께 사림士林을 모함하려 하자, 선생은 마루 위 한 곳을 가리키면서 다음과 같이 말씀하셨다.[112)]

"이곳이 아무개가 그날 앉았던 곳이다. 아주 가까이서 마주했는데, 어찌 그가 이렇게까지 악할 줄 알았겠는가?"

그러면서 오랫동안 탄식하셨다.

李戡之未敗也 爲慶尙方伯 來訪書堂 先生見之 後戡黨李樑 將陷士林 先生指堂上一處曰 此某當日坐處 咫尺相對 安知其惡之至此乎 嘆唾者久之

---

112) 이감의 자는 언신彦信이고 명종 때의 관료였다. 명종대 후반 윤원형을 견제하기 위해 이량이 발탁되어 권신으로서 위세를 떨칠 때 그의 심복으로 활동했다. 명종 18년 이량이 탄핵을 받아 패망할 때, 이감도 함께 탄핵을 받아 귀양을 갔다. 『퇴계어록』에는 이전李戩으로 기록되어 있으나 경상감사를 지냈으며, 이량을 도와 사림을 탄압했던 이는 이전이 아니고 이감이었다. 『학봉집』을 참고하여 고쳤다. 이전은 이감의 아우이다.

벗이 죽으면 아무리 멀어도 꼭 자식이나 제자를 보내서 제문을 갖추어 조문하게 하였다.

朋友死 雖遠必遣子弟 齎文致祭

端何避先生曰在南冥則當如彼在我則亦當如是
以吾之不可學柳下惠可不亦冥乎
先生居鄉凡調役征賦必先下戶而輸之未嘗有違
猶里胥亦未知為達官家嘗出坐溪邊嗇夫來告曰
今年柏林之禁進賜戶當之先生笑而不答蓋柏林
在溪東今先生戶守之
鄉人志學者或恥品官之列先生曰鄉父兄宗族之
所在矣以隨行為恥何意或曰門地卑微者居右寮

교인

教人

제자를 대하는 선생의 태도

배우는 이가 물으면서 도움을 청하면, 그 배움이 얕고 깊음에 따라 가르쳐주었다. 만약 분명하지 않은 곳이 있으면 거듭 자세히 설명해서 깨우쳐준 다음에야 그쳤다. 뒷사람들 가르치는 일을 싫어하거나 게을리 하지 않았으니, 비록 병이 났어도 가르치기를 그치지 않았다.

퇴계가 제자들에게 가르친 내용은 주자 성리학이었다. 그는 주자학의 기본 개념을 이해하고 그 이념적인 지향을 받아들이도록 이끌기 위해 『태극도설』, 『서명』, 『역학계몽』과 같은 성리학의 주요 저작들을 공부를 시작하는 처음부터 가르쳤던 것으로 보인다. 물론 가장 기초가 되는 것은 『대학』, 『논어』, 『맹자』, 『중용』의 사서였다. 퇴계의 이런 공부 방식을 남명 조식은 좋게 보지 않았다. 그는 성리학에 대한 지식을 늘리기보다는 그 가르침을 몸에 익히는 공부가 더 중요하다고 생각했다. 그는 그런 내용을 담아 퇴계에게 편지로 보냈다.

퇴계는 또한 주자의 문집에서 편지를 중요하게 생각했다. 주자의 편지는 배움의 깊이가 서로 다르고 기질에서도 차이가 나는 여러 제자들과 주고받은 것이었다. 퇴계도 문인을 가르칠 때 그 배움의 얕고 깊음에 따라 가르쳤다고 하니 그런 면에서 주자의 편지는 좋은 교재가 될 수 있었을 것이다. 퇴계는 주자의 편지들 가운데 중요한 것을 골라 따로 『주자서절요』를 엮기도 했다.

한편 퇴계는 과거 준비를 진정한 공부로 여기지 않았다. 과거 공부를 위해 자신을 찾아오는 것을 반기지 않았다. 그러나 퇴계 자신도 과거에 급제해서 관직의 길을 걸었던 것처럼, 제자들이 과거를 보는 것을 막지 않았다. 당시 과거 급제는 한 사람이 관직으로 나가는 길을 여는 것일 뿐만 아니라 한 가문이 양반으로서의 지위를 유지하기 위해서도 꼭 필요한 일이었다. 과거에 급제할 능력을 갖추고 때를 만났음에도 그 길로 가지 않는 것은 당시로서는 참으로 어려운 일이었다. 그것은 누가 강요해서 되는 일이 아니라는 것을 퇴계도 잘 알았을 것이다. 그렇기에 그 길을 가겠다고 결심한 문인들을 격려하기는 했지만, 쉽사리 그런 결정을 하도록 부추기지는 않았던 것이다.

선생은 문하의 제자들 대하기를 마치 친구 대하듯이 하셨다. 비록 젊은이라도 이름을 놔두고 너라고 부른 적이 없었다. 맞이하고 배웅할 때면 반드시 댓돌 아래까지 내려가 겸손한 몸가짐으로 예를 다하였으며, 자리를 잡고 앉으면 반드시 먼저 어른이 평안하신지 물었다.

待門弟[113] 如待朋友 雖少者 亦未嘗斥名稱汝 送迎必下階 周旋揖遜 致其敬 坐定 必先問父兄安否

113) 待門弟子 : 『학봉집』

다음과 같이 여쭈었다.

"우성전禹性傳[114)]과 류성룡柳成龍[115)]은 주자의 편지가 『심경心經』만큼 중요하지 않다고 합니다. 이런 말은 어떻습니까?"

선생께서 말씀하셨다.

"다 읽어보지도 않고 성급하게 이런 말을 하는 것은 옳지 않다. 반드시 여러 해 동안 깊이 빠져 충분히 읽고 상세하게 맛본 다음에야 비로소 가깝고 절실하다는 것을 알게 될 것이다. 또한 배움에 있어 어찌 간편한 지름길만 찾고 번거로운 것을 싫어해서야 되겠는가?"

問 禹性傳·柳成龍 以爲朱子書 不如心經之切要 其說如何 先生曰 未嘗讀了 而遽有是說 不可 必沈潛積年 熟讀詳味 然後方知親切也 且爲學 何可徑約而厭煩乎

114) 우성전(1542~1593)의 자는 경선景善, 호는 추연秋淵이다. 퇴계의 문인이고 대사헌 허엽許曄의 사위이다. 선조 때 당쟁에 적극 뛰어들었으며 임진왜란 때는 의병장으로도 활약하였다.

115) 류성룡(1542~1607)의 자는 이견而見, 호는 서애西厓이다. 퇴계의 문인으로 과거에 급제하여 선조 때 여러 관직을 거쳤으며 임진왜란 때 영의정으로 군사 업무를 총괄하였다.

누가 『대학』을 읽다가 이나 기 같은 말을 잘 이해하지 못하자, 선생은 다음과 같이 말씀하셨다.

"자네가 『태극도설太極圖說』[116]을 배우지 않았기 때문에 담벼락을 마주보는 것처럼 답답한 것이다."

그리고는 바로 그것을 읽으라고 하셨다.

또 말씀하셨다.

"『태극도설』 가운데 '군자는 그것을 닦아서 운수가 좋고 소인은 그것을 어겨서 운수가 나쁘다' 고 한 구절은 배우는 이가 가장 힘써서 공부해야 할 대목이다. 그것을 닦을 것인가 그것을 어길 것인가는 다만 삼가고 삼가지 못한 사이에 있는 것이니, 조심하지 않을 수 있겠는가?"

무릇 배우는 이는 줄거리를 깨우치는 것을 먼저 하지 않을 수 없는 까닭에 『태극도설』, 『서명』, 『역학계몽』 따위를 많이 가르쳤다.

남명南冥 조식曺植[117]이 그것을 듣고, "손수 물 뿌리고 비질하는 범절은 모르면서 그저 오묘한 하늘의 이치나 말한다" 하자, 선생은 편지를 보내서 해명하였다.

제자인 이덕홍李德弘[118]이 처음 학문에 뜻을 두었을 때, 일찍부터 『역학계몽』을 배우려고 하자, 선생께서 다음과 같이 말씀하셨다.

"자네는 먼저 '사서'를 읽게. 그것은 급하지 않네."

某讀大學 於理氣上未達 先生曰 君未學太極圖說 故面牆如此 卽令讀之 又曰 太極圖說中[119] 君子修之吉 小人悖之凶 一句最學者用工夫地頭 修之悖之 只在敬肆之間 可不愼哉 蓋學者不可不先體段故多教以太極西銘啓蒙等書 曹南冥聞之 乃有手不知洒埽之節 而只談天理之奧云 先生貽書辨之 門生李德弘初志於學 嘗欲學啓蒙 先生曰 君第讀四書 此非所急也

---

116) 『태극도설』은 중국 북송의 유학자 주돈이가 지은 글이다. 모두 249자의 짧은 글로 무극인 태극에서부터 만물이 생성하는 과정을 그린 태극도와 그것을 설명하는 내용이다. 주자는 이 글이 성리학의 근본이념을 잘 드러낸다고 생각해서 매우 중요하게 여겼다.

117) 조식(1501~1572)의 자는 건중健仲, 호는 남명이다. 평생 과거에 응시하지 않고 처사로 지내면서 학문을 연구하였다. 그는 퇴계와 같은 해에 태어났고 세상을 떠난 시기도 비슷하다. 당시 두 사람은 영남의 대학자로서 쌍벽을 이루어 수많은 제자들이 모여들었는데, 두 문하를 번갈아 출입하는 이들도 적지 않았다.

118) 이덕홍(1541~1596)의 자는 굉중宏仲이고 호는 간재艮齋이다. 퇴계의 대표적인 문인 가운데 한 사람이며, 특히 역학에 뛰어났다.

119) 『퇴계어록』에는 太極圖巾으로 되어 있으나 『학봉집』을 참고하여 고쳤다.

선생은 한결같이 성리학으로써 남을 가르쳤다. 어쩌다 과거 공부에 대해 와서 묻는 이가 있으면, 또한 굳이 사양하지 않았지만 권하지도 않았다. 어떤 선비가 온 적이 있는데 마침 과거 시험을 칠 때였다. 그 선비가 머물면서 과거 보는 글을 익히게 해달라고 청하자 선생은 다음과 같이 말씀하셨다.

"무릇 글을 익힌다 하면 제각각 하고자 하는 바가 있다. 하지만 과거 보는 글을 익히고자 한다면 굳이 여기 머물 필요가 없다."

教人一以性理之學 或以科業來問 則亦不苟辭 而非所勸也 士子來適値科擧 請留習科文 先生曰 凡隷業 各有所欲 習科文 不須留此也

다음과 같이 여쭈었다.

"과거 공부가 또한 나아가질 못하니 비록 성균관에 머물러도 도움이 없습니다. 이곳에 머무르면서 배우고자 합니다."

선생께서 말씀하셨다.

"어른들이 계신데 어떻게 그대 마음대로 하는가?"

"허락을 받았습니다."

그러자 선생은 다음과 같은 편지를 보내주셨다.

"여기 있는 선비들 가운데는 공부에 힘쓰지 않고 벼슬 한 자리 얻는 것을 요행으로 여기는 이들이 많으니, 몹시 뜻에 차지 않는다. 그대가 이미 과거 공부를 그만두고, 또 오롯이 독서에만 뜻을 두고자 한다고 들었는데, 그렇게 어른께 청하여 허락을 받았다 하니 참으로 가상하다."

問 科業亦不進 雖居泮無益 欲留受業 先生曰 有父兄在 何可自專 曰得命矣 先生帖曰 此中士友 多有不做其工 而僥倖於一得 甚不滿人意 聞已停行 且欲專意讀書 深賀君得請於大人前也

다음과 같이 여쭈었다.

"과거 과목에 눌려서 오롯이 학문에 힘쓰지 못하니 과거 공부를 그만두고 싶습니다."

선생께서 말씀하셨다.

"그 뜻은 대단히 좋지만 또한 쉬운 일이 아니다. 옛날 송나라 채백정蔡伯靜 형제는 과거 공부를 하지 않고 오로지 학문에 뜻을 바쳤는데,[120] 마침내 집안의 학문을 이어 세상에서 알아주는 큰 유학자가 되었다. 이처럼 된다면 할 수 있다. 비록 과거 공부를 그만두었으나 학문의 결실을 맺지 못한다면 무슨 일을 이루겠는가?"

그리고 바로 채씨의 행장行狀을 가져와 보여주시면서 말씀하셨다.

"그대는 이렇게 공부할 수 있겠는가? 한 통을 베껴서 늘 읽으면서 자신을 되돌아보는 게 좋겠네."

問 掣於科目 爲學不專 欲停擧業 先生曰 此意甚好 然亦非易事[121] 昔蔡伯靜兄弟 不事擧業 專意學問 卒傳家業 爲世大儒 如此則可也 雖停擧業 若無其實 則濟得甚事 卽將蔡氏行狀以示之曰 賢能如此用功否 宜書一通 常自觀省

120) 채백정은 채연蔡淵을 가리킨다. 백정은 그의 자이다. 채연은 주희의 동료이자 제자인 채원정蔡元定의 아들이다.

121) 『퇴계어록』에는 然亦非好事로 되어 있으나 『학봉집』을 참고하여 고쳤다.

선생께서 류중엄에게 말씀하셨다.

"눈앞에 있는 벗들을 보면 학문을 향해 오랫동안 나아가는 이가 없고, 또 일찍부터 믿음을 가지고 이 길로 나서지도 않는다. 내가 하는 일이 믿을 만하지 못해서 그런 것이 아니겠는가? 몹시 걱정스럽고 두렵구나."

先生謂柳仲淹曰 眼中朋友 未見有長進者 又不曾信向此事 豈吾所爲者 無足信耶 甚可憂懼

배우는 이가 물으면서 도움을 청하면, 그 배움이 얕고 깊음에 따라 가르쳐주었다. 만약 분명하지 않은 곳이 있으면 거듭 자세히 설명해서 깨우쳐준 다음에야 그쳤다. 뒷사람들 가르치는 일을 싫어하거나 게을리 하지 않았으니, 비록 병이 났어도 가르치기를 그치지 않았다. 돌아가시기 전달에 이미 무거운 병에 걸렸는데도, 오히려 평소와 다름없이 학생들과 강론하였으니, 학생들은 오래 지난 뒤에야 그것을 알아차렸다. 강론을 그친 지 며칠 만에 병세가 위중해졌다.

學子質業請益 隨其淺深而告詔之 若有未效處 則反覆詳說 啓發乃已 訓誨後生 不厭不倦 雖有疾恙 不輟講論 易簀前月 已被重疾 而尙與諸生講論 無異平昔 諸生久乃覺之 輟論數日 病已革矣

선비가 멀리서 찾아왔는데 혹 형편이 어렵기라도 하면 비록 거친 밥에 나물국이라도 반드시 나누어 먹었으며, 만약 병에 걸리기라도 하면 반드시 몸소 가서 진찰한 다음 약을 달여서 치료해 주었다.

士子遠來 或有窘束 則雖疏食菜羹 必與共之 若有疾病 必躬往診視[122] 濟以湯藥

122) 『학봉집』에는 이 구절 앞에 則憂形于色이 있다.

최응룡崔應龍[123]이 여쭈었다.

"형서邢恕는 사문에 죄를 지었는데도 오히려 제자의 반열에 들었습니다.[124] 어째서입니까?"

선생께서 말씀하셨다.

"뒷날의 학자들을 깨우치려 했기 때문이다. 화숙和叔이 두 정자程子를 매우 오래 따랐는데, 한 가지 삿된 생각으로 문득 강팍한 소인이 되었던 것이니, 학자들이 두려워하지 않을 수 있겠는가?"

崔應龍問 邢恕得罪於師門 而猶列於弟子 何也 先生曰 所以警後世學者也 和叔從兩程甚久 而一念之邪 便爲索性小人 學者可不懼哉

---

123) 최응룡(1514~1580)의 자는 견숙見叔, 호는 송정松亭이다. 퇴계의 문인으로 명종과 선조 때 여러 관직을 거쳤으며 특히 지방관으로 치적을 남겼다.

124) 형서의 자는 화숙이다. 처음에 정호程顥에게 배웠으나 곧 사마광司馬光의 문객이 되었다가, 다시 그를 모함하고 장돈章惇에게 붙었으며, 또 배반하고 채경蔡京의 심복이 되었다고 한다. 『송사』「간신열전」에 그의 전기가 실려 있다.

講何難先生曰在南冥則當如彼在我則亦當如是

以吾之不可學亦下患可不之眞乎

先生居鄉凡納役征賦必先下戶而輸之未嘗有違

稽里胥之未知爲達官家嘗出坐溪邊適大夫來告曰

今年栢林之栗進賜戶當之先生笑而不答蓋栢林

在溪東令先生戶守之

鄉人有學者或恥品官之列先生曰鄉丈兄宗族之

所在矣以隨行爲恥何意哉曰門地卑微者居右

벽이단

闢異端

이단을 배척함

"내가 불경을 보면서 삿됨이 숨어 있는 것을 확인하고자 한 적이 있었다. 그러면서 물을 건너려는 어떤 사람이 처음에 물이 얕은지 깊은지 살펴보다가 끝내는 물에 빠지는 것과 같은 잘못을 저지르게 될까 두려웠다. 배우는 이들은 그저 글을 읽어서 지식을 얻고, 얻은 것을 다 믿어야 한다. 이단의 글과 같은 것은 전혀 알지 못해도 괜찮다."

중국 고대 이래 지배 이념의 자리를 굳건히 지키던 유학은 이후 불교와 도교가 크게 유행하면서 상대적으로 열세에 놓이게 되었다. 그동안 유학은 불교와 도교의 철학적 이론체계의 영향을 받아 유학 자체의 논리체계를 갖추어나갔는데, 그것이 이른바 송대 이래의 신유학이다. 그러는 동안 유학은 스스로의 가르침이 불교와 도교보다 우월하다는 대결 의식을 키웠는데, 그것이 자신의 도가 정통이라고 의식하며 이단을 배척하는 경향으로 드러났다. 조선 초기 불교를 강하게 억눌렀던 것도 바로 조선을 건국한 세력이 성리학 이념을 내세운 것과 같은 흐름이었다.

퇴계는 정통의식을 강하게 가지고 있던 주자를 학문의 지표로 생각했기 때문에, 주자가 정통이고 그에 반대하는 여러 주장은 이단이라는 주장에 많은 영향을 받았던 것으로 보인다. 퇴계가 배척해야 할 이단이라고 생각한 대상은 불교, 육학陸學, 그리고 나정암羅整庵의 학문이었다.

불교의 스님들은 유학자 입장에서 배척해야 할 이단이지만 둘 다 지식인이요 수행자라는 공통점이 있다. 삼국시대 이래로 스님들은 국가 지배자들에게 조언해주는 협력자였다. 조선이 건국되고 스님들의 역할은 크게 퇴조하였지만, 조선 전기의 유학자들은 개인적으로 스님들과 친분관계를 유지하고 시문을 주고받으며 지냈다. 하지만 성리학 이념에 보다 더 기울었던 사림 세력이 등장하면서 이러한 관계는 비판을 받았다. 퇴계는 불교를 바라보는 사림의 이러한 태도를 잘 보여준다.

조선시대 양반층의 남자들이 불교를 배척하는 입장으로 점점 기울어져도 여자들은 그렇지 않았다. 그들은 고려시대 이래로 이어지던 불교 신앙을 버리지 않았다. 그래서 왕실과 사대부 가문에서는 겉으로 불교를 억압한다 하면서도 여자들의 신앙 활동을 용인해왔다. 그런데 명종이 어린 나이에 즉위하게 되자 어머니인 문정왕후가 정치에 참여하게 되었다. 문정왕후는 그때까지의 불교 억압 정책을 되돌리려 했다. 자신이 신임하는 보우普雨를 봉은사 주지로 발탁하면서 무너진 불교 교단을 세우는 일을 추진하도록 했던 것이다. 이것은 불교를 배척하는 입장이 더욱 뚜렷했던 사림세력에게는 받아들일 수 없는 일이었다. 이 장에서 볼 성균관 유생들의 집단행동은 문정왕후가 세상을 떠난 뒤에도 어머니의 뜻을 그대로 따르려는 명종을 압박하여 보우를 죽이려는 의도로 일으킨 일이었다.

퇴계에게 있어 이론적으로 보다 문제가 되는 이단은 성리학 바깥의 불교가 아니라 성리학 내에서 주자와 대립하는 사상들이었다. 그 가운데 대표적인 것이 육구연陸九淵의 가르침에서 비롯된 육학이었다. 육구연은 주희와 동시대의 성리학자로서, 이론적으로 경쟁하는 관계였다. 따라서 주자의 저작에는 육구연에 대한 비판적인 의식이 곳곳에 드러나 있다. 성리학에 대한 이해가 깊어지고 주자의 저작이 본격적으로 연구되면서 학파 사이의 이론적 차이에 대해서도 분명하게 알게 되었다.

나정암의 주장을 어떻게 이해할 것인가 하는 문제도 퇴계의 주요한 관심사였다. 정암整庵 나흠순羅欽順(1465~1547)은 퇴계보다 불과 서른여섯 살 위인 명나라의 학자이다. 그는 주자학을 옹호하고 양명학을 비판하는 입장에 서 있었는데, 만년에 자신의 주장을 정리한 『곤지기困知記』를 남겼다. 곤지기는 나오자마자 조선에 바로 소개되었다. 나정암의 주장에 대해서는 특히 소재 노수신이 높이 평가하며 따랐다. 하지만 퇴계는 나정암의 학문을 정통으로 인정하지 않았다.

선생은 이단을 마치 음탕한 음악이나 아름다운 여인과 같이 여겨, 엄하게 끊어버리지 못할까 두려워했다.

그러면서 다음과 같이 말씀하셨다.

"내가 불경을 보면서 삿됨이 숨어 있는 것을 확인하고자 한 적이 있었다. 그러면서 물을 건너려는 사람이 처음에 물이 얕은지 깊은지 살펴보다가 끝내는 물에 빠지는 것과 같은 잘못을 저지르게 될까 두려웠다. 배우는 이들은 그저 글을 읽어서 지식을 얻고, 얻은 것을 다 믿어야 한다. 이단의 글과 같은 것은 전혀 알지 못해도 괜찮다."

先生於異端 如淫聲美色 猶恐絶之不嚴 嘗曰 我欲看佛經 以覈其邪遁 而恐如涉水者 初欲試其淺深 而竟有沒溺之虞耳 學者但當讀書知得 盡信得及 如異端文字 全然不知[125] 亦不妨也

125) 『퇴계어록』에는 專然不知로 되어 있으나 『학봉집』을 참고하여 고쳤다.

선생의 학문은 한결같이 주자를 표준으로 삼았으며, 육학을 높이 받드는 사람을 보면 반드시 깊이 물리쳐서 아프게 끊었다.[126) 소재蘇齋 노수신盧守愼[127)이 『곤지기』를 높여서 아주 깊이 믿었다. 선생은 정암 나흠순의 학문에 대해, "스스로는 이단이 아니라고 하지만, 겉으로 배척하는 척하면서 속으로는 도왔고 왼쪽은 가리고 오른쪽은 막으니, 정말로 정자와 주자에게 죄를 지은 사람이다" 했다. 그러면서 소재와 힘껏 논변했는데, 소재는 끝내 수긍하지 않았다. 홀로 고봉 기대승만이 선생과 마음이 맞아 「곤지기발困知記跋」을 지어 정암의 학문을 배척했다. 선생은 그 글을 보고 말씀하셨다.

"이 주장이 아주 명쾌하니, 참으로 쉽지 않은 일이다."

先生之學 一以朱子爲的 見人之尊陸學者 必深排而痛絶之 盧蘇齋尊信困知記頗甚 先生以整庵之學 自謂非異端 而陽排陰助 左遮右攔實程朱之罪人也 與蘇齋力辨之 蘇齋終不以爲然 獨高峯奇大升 與先生合 爲作困知記跋 以斥其學 先生見之曰 這議論極明快 甚不易易

126) 육구연(1139~1192)의 자는 子靜, 호는 상산象山이다. 육구연은 주희와 함께 남송 성리학의 두 봉우리였다. 주자학과 육학은 흔히 이론적으로 '성즉리性卽理와 심즉리心卽理의 대립', 또는 학문의 경향으로서는 '도문학道問學과 존덕성尊德性의 대립'으로 드러난다고 일컬어진다.

127) 노수신(1515~1590)의 자는 과회寡悔, 호는 소재이다. 중종 때 과거에 급제하여 관직에 올랐으나 을사사화 때 귀양을 가서 19년을 섬에서 지냈다. 선조가 즉위하고 풀려나와 복관된 뒤 관직이 영의정에 이르렀다. 주자학뿐만 아니라 양명학도 깊이 연구하였고, 나흠순의 『곤지기』를 보고는 그 주장을 깊이 따라서 퇴계의 비판을 받았다.

선생이 어릴 때 청량산淸涼山을 유람하고 「백운암기白雲菴記」를 지었는데, 그 절의 중이 그것을 새겨서 암자의 벽에 걸어 놓았다. 선생이 늘그막에 그것을 듣고는 바로 치우게 하셨다.

少時遊淸涼山 作白雲庵記 寺僧刊留庵壁 先生晩乃聞之 卽令去之

산에 사는 중이 와서 시를 청하면 비록 거절하지는 않았지만, 그저 안개 끼고 노을 비치는 산과 강의 아름다운 경치만을 그려 주었을 뿐, 불교에 대해서는 한 글자도 미치지 않았다. 그마저도 늘그막에는 짓는 일이 드물었다.

山僧來請詩 雖不拒 而但寫煙霞水石之勝以付之 無一字及於僧家者 晩年亦鮮有作

처음 '도산서당'을 지었을 때 종들을 시켜 지키게 하려다가, 깨끗하지 못한 것을 싫어하여, 중들을 시켜 농운정사隴雲精舍에 따로 살면서 지키도록 했다. 이것은 또한 주자가 도사들로 하여금 '운곡초당雲谷草堂'을 지키게 했던 것과 같은 뜻이다.

初作陶山書堂 欲令僕隷守之 惡其不潔 令山僧別居隴雲精舍以守之 蓋亦朱子俾道士守雲谷之意也

다음과 같이 여쭈었다.

"유생들이 공관空館하는 것은 어떻습니까?"

선생께서 말씀하셨다.

"언론을 맡은 이는 임금에게 간언하다가 임금이 듣지 않으면 떠나는 것이 옳다. 벼슬이 없는 선비는 본디 언론의 책임이 없으니, 상소를 올려서 정치를 논하는 것은 그들의 직분이 아니다. 만약 일이 왕조의 흥망이나 유학의 성쇠가 걸린 것이어서 의리상 말하지 않을 수 없을 경우에는 또한 상소를 올려 일을 논할 수가 있다. 그러나 듣고 안 듣고는 임금에게 달린 것이니, 어찌 반드시 들어야 하며 언제까지 허락해야 한다고 할 수 있겠는가? 요즈음 성균관에서는 무슨 일만 있으면 반드시 상소를 올리는데, 만약 자신들의 청을 들어주지 않으면 함께 성균관을 비워 수업을 거부한다. 그렇게 공관을 해도 청을 들어주지 않으면 다시 함께 성균관에 모여든다. 떠날 때는 먼저 나가지 못할까 두려워하고, 모여들 때는 뒤처졌나 걱정한다. 떠날 때 이미 도리에 맞지 않았으며, 모일 때 또한 명분이 없다. 이것이 무슨 도리인가? 옛날 군자가 나라의 큰일을 맞으면 자신을 돌아보지 않고 떨쳐 일어나 상소를 올려 논리를 겨루었다. 임금이 자신을 말을 들어주지 않으면 결연히 떠나 끝내 세상에 나오지 않은 이도 있었으니, 이것은 귀하다고 할 만하다. 하지만 공관에 대해서는, 나는 그것이 옳은지 모르겠다."

다시 여쭈었다.

"공관은 어느 때부터 비롯된 것입니까?"

선생께서 말씀하셨다.

"역사책에서 본 것으로 말하면 아마도 송나라 때 권당捲堂에서 비롯된 듯하다."

또 말씀하셨다.

"공관하면서 올리는 상소는 임금에게 강요하는 것이나 마찬가지다."[128]

問 儒生空館何如 先生曰 有言責者 諫於其君 而不聽則去 可也 至於韋布之士 本無言責 其上章論列[129] 非其職也 若事關宗社之存亡 吾道之盛衰 義不可不言 則亦可上章論列 其聽與否 在於君上 豈可必其見聽 以得請爲期哉 今之館學 遇事必上章 若不得請 則相率而空館 空館而猶未得請 則又相率而聚館 其去也猶恐不先 其聚也猶恐或後 去之旣非其道 聚之又無名 是甚道理 古之君子 當國家大事 奮不顧身 上章抗論 而君不聽我 則決然而去 終不出者 有之 是則可貴也 若其空館 則吾不可知也 問 空館始於何時 先生曰 以見於史者言之 恐始於宋時捲堂也 又曰 空館疏似要君

128) 권당과 공관은 성균관의 유생들이 자신들이 올린 주장이 받아들여지지 않았을 때 하는 항의의 행동이다. 굳이 구분하자면 권당은 성균관 유생들이 '원점圓點'을 거부하는 것이며, 공관은 성균관을 떠나는 것이다. 성균관에 들어와서 일정 날짜 이상 공부를 하면 과거에 응시할 수 있는데, 밥을 먹을 때마다 식당 입구에 놓인 도기到記라는 문서에 점을 찍는 것으로 그 날짜를 확인했다. 원점을 거부하는 것은 성균관 유생들이 집단적으로 과거에 응시하지 않겠다는 항의의 표시인 것이다. 한편 유생들이 공관을 하게 되면 그들은 문묘에 절을 하고 성균관을 아예 비우게 된다. 하지만 이러한 구분은 관행이 쌓이면서 분명해진 것이고, 명종 어간에는 성균관 유생들의 시위를 가리킬 때 두 가지 말을 섞어서 썼다.

129) 『퇴계어록』에는 其上章論로 되어 있으나 『학봉집』을 참고하여 고쳤다.

다음과 같이 여쭈었다.

"유생들이 보우를 죽여야 한다고 청하면서, 원수를 갚기 위해 역적을 친다는 말로 상소를 올렸다고 하는데, 어떻습니까?"

선생께서 말씀하셨다.

"초야에서 올리는 말은 으레 과격한 법이다. 그러나 죄가 반드시 실제와 맞아야만 삿된 마음을 누르고 임금의 뜻을 되돌릴 수 있을 것이다. 지금 보우의 죄는 요망한 말로 임금을 속였고, 나라를 좀먹고 백성들을 해쳤으며, 불교를 날로 번성하게 하고 우리 도를 날로 쇠약하게 한 데 있으니, 그 죄가 참으로 죽일 만하다. 그러나 임금을 죽인 혐의를 뒤집어씌우는 것은 그의 죄와 맞지 않는다. 그렇기 때문에 말이 더 격해질수록 임금은 더 듣지 않게 되어, 결국 임금의 뜻을 되돌리지 못할 뿐만 아니라, 보우 또한 그 허물을 인정하지 않고 핑계를 늘어놓게 될 뿐인 것이다."[130]

問 儒生請戮普雨 疏以復讐討賊爲辭 何如 先生曰 草野之言 例有過激 然必罪當其實 然後方可壓邪心而回天聽 今雨之罪 在於妖言罔上 蠹國害民 使異教日熾 吾道日微 則其罪固可戮也 至加以弑逆 則非其罪也 是故 言之愈激 聽之愈邈 非徒不能回天 彼亦不伏其辜 而且有辭耳

130) 성균관 유생들은 보우 때문에 문정왕후가 죽었다고 주장했다. 문정왕후가 보우가 시키는 대로 치성을 드리면서 오랫동안 고기를 먹지 않았기 때문에 몸을 상해서 죽음에 이르게 되었다는 것이다(『명종실록』 31, 20년 4월 25일 신묘). 그 논리대로라면 보우는 명종의 원수요, 명종이 보우를 죽이는 것은 역적을 죽여서 원수를 갚는 일이 된다. 이에 대해 명종은 문정왕후가 육식을 끊은 적이 없는데, 그런 근거 없는 일로 논란하는 것은 있을 수 없다는 답을 내렸다.

을축년 여름 문정왕후가 세상을 떠나자 성균관 유생들이 보우를 목 벨 것을 청하다가, 공관을 하기까지 이르렀는데, 허락받지 못했다. 이에 영남嶺南의 유생들이 온 도에 통문通文을 돌려 대궐 앞에 나가 상소하자고 했다.[131)]

이에 대해 선생은 다음과 같이 말씀하셨다.

"역적을 쳐서 원수를 갚아야 한다면서 보우를 목 베자고 하면 그가 저지른 죄와 맞지 않다. 게다가 온 도에 통문을 돌려 함께 대궐로 나가자는 것도 또한 편치 않다. 무릇 사람은 제각기 소견이 있는 법인데, 어찌 떳떳하지 못하고 같아져야 되는가? 만약 이 일이 같은 마음에서 나왔다면 통문을 돌리지 않아도 반드시 서로 같이 대답할 것이며, 만약 그렇지 않다면 아무리 집집마다 찾아다니면서 깨우쳐도 호응하는 사람이 없을 것이다. 그러니 할 말이 있는 사람은 반드시 스스로 상소를 올리는 것이 옳다. 어찌 온 도에 통문을 돌리고 함께 대궐로 나아가야만 하겠는가?"

이에 예안禮安과 안동安東의 선비들만은 선생의 가르침을 듣고 대궐로 나가지 않았다.

또 말씀하셨다.

"통문을 돌려 상소를 올리는 것은 유학자가 마땅히 할 일이 아니다."

乙丑夏 文定昇遐 館學生請誅普雨 至於空館而未得請[132] 嶺南儒生通文一道 詣闕上疏 先生曰 以討賊復讐誅普雨 旣不當其罪 而通文一道 相率詣闕 又非便 蓋人各有所見 何可苟同 若事出於人心之所同然 則不待通文 而必相齊應 如其不然 則雖家道戶曉 亦無應者矣 故人有所言之事 則必自陳疏 可也 豈合通一道相率詣闕也 於是宣城永嘉之士 聞先生之敎 獨不赴闕 又曰 通文上疏 非儒者所當爲也

131) 통문은 서원이나 향교, 유생들이나 문중에서 비슷한 성격의 기관이나 사람들에게 공통의 관심사에 대한 주장을 통지할 때 쓰는 문서의 형식이다. 주모자를 모르게 하기 위해 이름을 적을 때 가운데 사발을 놓고 둥글게 돌아가며 적기도 하는데, 그런 것을 사발통문이라고 한다.

132) 『퇴계어록』에는 至於空館而來請으로 되어 있으나 『학봉집』을 참고하여 고쳤다.

謂何避先生曰在商寘則當如彼在我則亦當如是
以吾之不可學柳下惠可不之寘乎
先生居鄉凡謫役徵賦以先下戶而輸之未嘗有違
稽里胥之未知為達官家嘗出岱溪邊當夫未嘗曰
今年柏林之禁進賜戶當之先生笑而不答盖柏林
在溪東今先生戶守之
鄉人志學者或恥居官之列先生曰鄉父兄宗族之
所在矣以隨行為恥何意或曰門地卑微者居右嫌

숭선정

崇先正

선현들을 높이는 일

“정자와 주자 두 선생은 모두 역학에 큰 공이 있는 분이다. 서원의 이름을 이왕 역동이라고 했으니, 사당을 세워 두 선생의 제사를 지내고 좨주 우탁을 배향하면 참으로 훌륭하게 갖추어질 것이다. (……) 그런데 선불리 이처럼 무거운 예를 세웠다가 끝내 얕보며 게을리 모시게 된다면, 높이려 하다가 도리어 업신여기게 되고 말 것이니, 편하게 좨주 우탁만 제사를 모시는 것만 못할 것이다.”

성균관, 향교, 서원 같은 유학의 교육 기관은 모두 크게 두 가지 공간으로 나뉜다. 하나는 강학이 이루어지는 장소이고, 다른 하나는 선현을 제사하는 장소이다. 조선시대의 학교는 교실과 사당으로 구성되어 있다고 해야 할 것이다. 조선시대 최고의 교육기관이라고 할 성균관 또한 강학이 이루어지는 '명륜당明倫堂'과 제사 공간인 '대성전大成殿'을 갖추고 있었다.

대성전은 '문묘文廟'라고도 불리는데 공자를 중심으로 하여 많은 유학의 성현들을 모셨다. 공자의 제자들과 함께 시대를 내려오며 학문으로 이름을 떨친 많은 유학자들이 존경의 대상으로 이름을 올렸던 것이다. 거기에는 우리나라의 유학자들도 이름을 올렸다. 여기에 누가 이름을 올릴 것인지 정하는 일은 우리나라 성리학의 정통을 누구로 볼 것인가 하는 아주 중요한 문제와 관련이 있다. 하지만 조선시대에 들어와서도 우리나라의 유학자로서 문묘에 이름을 올린 이는 설총, 최치원, 안향 세 사람 뿐이었다. 사림세력의 성리학 이해가 깊어지면서 그들은 조선 성리학의 정통을 구성했는데, 그들은 그 시작을 정몽주로 보았다. 따라서 중종 때 정몽주가 문묘에 이름을 올리게 되었다.

퇴계는 선현을 문묘에 올리는 일을 아주 조심스럽게 여겼다. 최치원이 불교에 대한 글을 남긴 것을 보고 그를 문묘에 종사하는 것이 적당한지 의심할 정도였다. 그리고 선조 즉위 직후 김굉필, 정여창, 조광조, 이언적을 문묘에 종사하자는 주장이 크게 일어났을 때에도, 퇴계는 이러한 움직임을 부정적으로 바라보았다. 재미있는 것은 김굉필부터 이언적까지 네 사람을 유학의 정통으로 보는 인식틀이 퇴계에서 비롯하였다는 사실이다. 그의 영향을 받은 선비들이 네 명의 선현을 문묘에 종사하려는 노력을 시작했지만, 정작 퇴계 자신은 이러한 움직임에 비판적이었던 것이다.

한편, 퇴계는 서원의 건립에 적극적이었다. 비록 퇴계 자신이 최초의 서원을 건립한 장본인은 아니었지만, 그는 서원 건립운동이 시작되던 무렵 가장 중요한 참여자 가운데 한 사람이었다. 우리나라 최초의 서원인 백운동서원은 퇴계의 요청으로 조정으로부터 책과 노비를 받았으며, 소수서원이라는 이름도 하사받았다. 이렇게 임금으로부터 서원의 이름을 내려받은 곳을 '사액서원'이라고 부른다.

백운동서원을 시작으로 전국에 수많은 서원이 세워졌는데, 서원의 제사 공간에는 그 서원이 세워진 계기나 서원이 자리 잡은 지역에 따라 모시는 선현이 달랐다. 따라서 서원을 새로 세울 때 누구를 모실 것인가 하는 것은 아주 중요한 문제였다. 그렇기 때문에 이에 대해서는 서원을 건립하던 때에 수많은 토론이 오갔으며 때로는 분쟁의 발단이 되기도 했다. 퇴계는 영천의 이산서원伊山書院, 성주의 천곡서원川谷書院, 예안의 역동서원易東書院, 대구의 연경서원硏經書院 등의 건립에 영향을 미쳤다. 서원의 건립 과정에서 어떤 분을 모실 것이며, 어떤 방식으로 운영할 것인가에 대해 조언을 했다.

중국에서는 문묘에서 추존해서 높인 칭호를 버리고 '선성선사先聖先師'로 고쳐 붙였는데, 우리 조정에도 이 제도를 따르고자 하는 사람이 있었다.[133)]

이에 대해 선생께서 다음과 같이 말씀하셨다.

"비록 성인의 도가 나중에 붙인 칭호에 따라 더해지고 덜해지는 것은 아니지만, 이 칭호로 공자를 높인 것이 이미 여러 세대를 지나 오래되었고, 정자나 주자 같은 큰 유학자도 다른 의논이 없었다. 그러니 하루아침에 지워버리는 것은 실로 편치 못한 바이다. 지금 이런 조치를 어찌 가볍게 의논할 수 있겠는가?"

中朝去文廟追崇之號 改題先聖先師 朝廷亦有欲遵是制者 先生曰 聖人之道[134)] 雖不以封贈而有所加損 然尊以是號 世代已久 程朱大儒亦無異議 而一朝削去 實所未安 今此擧措 何可輕議

133) 문묘의 제도는 중국 당대부터 시작되었는데, 당 현종 때 공자를 '문선왕'이라 칭한 뒤로 문묘의 중심인 공자의 칭호는 '대성지성문선왕大成至聖文宣王'이었다. 그러다가 명나라 가정 9년(1530년, 중종 25)에 와서 문묘의 제도가 크게 바뀌었다. 공자의 칭호는 이전과 달리 '지성선사공자至聖先師孔子'로 바뀌었다. 그밖에도 문묘 제도의 여러 가지가 이때에 바뀌게 되었는데, 이때의 개혁은 당대에 문묘제도가 완비된 이래 가장 큰 규모의 제도적 변화였다. 조선 왕조는 명나라의 제도를 도입하는 데 아주 적극적이었지만, 문묘의 제도 변화만큼은 그대로 받아들이지 않았다. 거기에는 이러한 변화를 부정적인 시각으로 보는 퇴계의 입장도 상당한 영향을 끼쳤을 것이라고 생각된다.

134) 聖人之德:『학봉집』

선생께서 말씀하셨다.

“천곡서원川谷書院의 이천伊川 선생 제문祭文 가운데 ‘빛날 혁赫’과 ‘찬란할 훤喧’ 두 글자는 온당치 못하니, 마땅히 ‘바를 정正’과 ‘큰 대大’로 고쳐서 바로잡아야 한다.”

이는 대개 초상화의 찬贊에 ‘전야대성展也大成’이라 하고, 시호諡號에 ‘정공正公’이라 한 곳의 ‘정’과 ‘대’를 더욱 드러내어 쓴 것이다.

川谷書院 伊川先生祭文 赫喧二字未穩 當改辨正大字 可也 蓋畫像贊曰 展也大成 謚曰正公 正大字尤著題

선생께서 말씀하셨다.

"우리나라의 종사從祀하는 제도 가운데에는 미처 논란하지 못한 점이 많다. 고운孤雲 최치원崔致遠 같은 이는 한갓 문장만을 숭상하였고 불교에도 깊이 빠져들었다."

또 말씀하셨다.

"나는 그의 문집에 실린 불소佛疏 등의 작품을 볼 때마다, 깊이 미워하여 아프게 끊어버리지 않은 적이 없었다. 그를 문묘에서 같이 제사 지낸다는 것은 어찌 선성先聖을 심히 욕되게 하는 것이 아니겠는가? 한탄스럽고 한탄스럽다."

또 말씀하셨다.

"우리나라의 사현四賢이 비록 공덕은 있지만 문묘에 종사하는 것은 또한 가볍게 의논할 수 없는 일이다."

당시 성균관의 학생들이 상소를 올려 사현의 종사를 요청했는데, 선생은 그것을 듣고서 끝내 옳게 여기지 않았다.[135)]

我朝從祀之典 多有未喩者 如崔孤雲 徒尙文章 而諂佛又甚 又曰每見集中 佛疏等作 未嘗不深惡而痛絶之也 與享文廟 豈非辱先聖之甚乎 可歎可歎 又曰 我朝四賢 雖有功德 至於從享聖廟 則未可輕議也 時館學生上疏 請從祀 先生聞之 終不以爲是

135) 문묘에서 제사를 지내는 선현은 공자를 중심으로 공자의 제자들과 중국의 이름난 유학자들이었다. 거기에 우리나라의 유학자들도 이름을 올렸다. 문묘에 이름이 오른다는 것은 유학자로서 최고의 영예였다. 하지만 고려시대 이래 우리나라의 유학자로서 문묘에 이름을 올린 이는 설총, 최치원, 안향 세 사람 뿐이었다. 사림세력의 성리학 이해가 깊어지면서 그들은 조선 성리학의 정통을 구성했는데, 그 시작을 정몽주로 보았다. 따라서 중종 때 정몽주가 문묘에 이름을 올리게 되었다. 정몽주가 문묘에 오른 뒤 곧이어 기묘사화와 을사사화가 이어지면서 사림 세력의 문묘 종사 노력은 더 이상 이어지지 못했다. 그것이 다시 시작된 것은 선조가 임금이 되고 난 뒤였다. 그 대상으로 거론된 이들이 '사현' 이라고 불리는 김굉필, 정여창, 조광조, 이언적이다. 퇴계는 이들을 문묘에 올리자는 말은 가볍게 할 수 있는 것이 아니라면서 조심스러워하지만, 그가 세상을 떠난 뒤 자신까지 포함된 '오현' 이 광해군 즉위 직후 문묘에 오르게 된다.

김부필金富弼[136]이 여쭈었다.

"역동서원易東書院에 정자와 주자 두 선생을 모시어 제사 지내면 어떻겠습니까?"

선생께서 말씀하셨다.

"두 선생은 모두 역학易學에 큰 공이 있는 분들이다. 서원의 이름을 이왕 '역동'이라고 했으니, 사당을 세워 두 선생의 제사를 모시고 좨주祭酒 우탁禹倬을 배향配享하면 참으로 훌륭하게 갖추어질 것이다. 다만 서원의 여러 일들이 제대로 갖추어지지 못하여 성근데다가, 토지도 없을 뿐더러 종들도 몇 안 된다. 그런데 섣불리 이처럼 무거운 예를 세웠다가 끝내 얕보며 게을리 모시게 된다면, 높이려 하다가 도리어 업신여기게 되고 말 것이니, 편하게 좨주 우탁만 제사를 모시는 것만 못할 것이다."[137]

金富弼問 易東書院 尊祀程朱先生 何如 先生曰 兩先生皆大有功於易學者也 旣曰易東 則立廟尊祀 配以禹祭酒 固是盛事 但院中諸事草草已甚 旣無學田 又鮮典僕 率然建此重禮 終至於褻慢 則求以尊之反以慢之也 恐不如獨祀禹祭酒爲便

136) 김부필(1516~1577)의 자는 언우彦遇, 호는 후조당後彫堂이다. 퇴계의 문인이며 중종 때 생원시에 합격했으나 그 뒤로 벼슬길을 좇지 않고 학문에만 힘을 쏟았다.

137) 우탁(1263~1342)의 자는 천장天章, 호는 백운白雲이다. '역동易東 선생'이라고 불리기도 했다. 고려말 성리학이 전래되었을 때 가장 먼저 받아들였던 사람 가운데 하나이다. 특히 역에 밝아서 정자의 역경 주석이 처음 들어왔을 때 홀로 연구하여 그 뜻을 깨친 다음 학생들을 가르쳤다고 한다. 우탁은 벼슬에서 물러난 다음 예안에 머물렀던 탓에 같은 예안 출신인 퇴계의 발의로 역동서원을 세우고 그를 모시게 되었다.

김부필이 여쭈었다.

"서원의 학전學田에서 들어오는 수입이 부족하니 곡식을 모았다가 이자를 놓았으면 합니다."

선생께서 말씀하셨다.

"'이자를 놓는다[息利]'는 두 글자는 결코 선비가 입에 올릴 말이 아니다."

金富弼問 書院學田 所入不足 請儲穀息利 先生曰 息利二字 便不是儒者所道

주세붕이 백운동서원을 창건했기에, 뒷사람이 그를 서원의 사당에 배향하고자 했다.

이에 대해 선생께서 말씀하셨다.

"해주海州의 문헌서원文憲書院도 이처럼 하려고 했으나 뒷말이 너무 무성해서 끝내 그렇게 하지 못했다. 옳고 그름이 가려지기를 기다려서 해도 늦지 않을 것이다. 또한 그가 세워놓은 사당에 자기를 배향한다 하면 그 마음이 편하겠는가?"[138]

대개 주세붕은 이기李芑의 집 문에 발을 담근 적이 있으니, 그 처신에 크게 낭패스러운 곳이 있었다. 선생의 이 말씀은 실로 은밀한 뜻이 있는 것이다.

周世鵬創白雲洞書院 後人欲配于院廟 先生曰 海州文憲[139] 亦欲如此 物議甚騰 竟未之果 竢是非之定爲之 亦未晩也 且彼旣立廟 而以某配享 則於其心安乎 周蓋濡迹於李芑之門 其處身有大狼狽處 先生此言 實有微意

138) 주세붕은 백운동서원을 세운 뒤 다시 해주에 문헌서원을 세우고 고려의 유학자 문헌공 최충을 모셨다.

139) 『퇴계어록』에는 海州文獻으로 되어 있으나 『학봉집』을 참고하여 고쳤다.

嫌何避先生曰在南宜則當如彼在我則亦當如是以吾之不可學柳下惠可不亦宜乎

先生居鄉凡調役征賦必先下戶而輸之未嘗有逋稽里胥亦未知為達官家嘗出坐溪邊嗇夫來告曰今年柏林之禁進賜戶當之先生笑而不答蓋柏林在溪東令先生戶守之

鄉人老學者或恥品官之列先生曰鄉父兄宗族之所在矣以隨行為恥何意或曰門地卑微者居右[illegible]

향당

鄕黨

선생의 시골살이

마을 사람 가운데 학문에 뜻을 둔 누가 벼슬아치들의 품계에 따른 순서를 뒤따르는 것을 부끄럽게 여겼다. (……) 선생께서 말씀하셨다. "마을에서 높게 치는 것은 나이이다. 비록 아랫자리에 있다고 한들 예의에 있어서나 의리에 있어서 안 될 것이 무엇이 있겠는가?"

『맹자』「공손추」 하장에는 이런 말이 나온다. “세상에서 널리 높임을 받는 것이 셋인데, 벼슬이 그 하나요, 나이가 그 하나요, 덕이 그 하나이다. 조정에서는 벼슬만한 것이 없고, 마을에서는 나이만한 것이 없으며, 세상을 돕고 백성을 기르는 데에는 덕성만한 것이 없다. 어찌 하나를 가졌다 해서 나머지 둘을 업신여기겠는가?”

조선시대는 신분 사회였으니 집안이 지체 높은 양반 가문인지 아닌지가 그 사람의 사회적 지위를 결정하는 데 중요한 역할을 했다. 하지만 나이가 어려 아직 벼슬길에 나아가지 못했다면, 지체는 낮지만 나이 많은 하급 관리보다 아랫자리에 서야 할 때도 있었을 것이다. 퇴계는 이러한 상황에서 시골 마을에서는 나이가 우선이라며 여유를 가지라고 권했다.

퇴계는 벼슬이 재상의 지위에 이르렀고, 학문의 성취도 나라의 모든 선비가 우러를 정도가 되었지만 고향에 돌아와 무지한 이웃들을 대할 때는 또한 평범한 시골 양반이었다. 그의 집안은 세금을 내거나 부역을 나갈 때 남보다 앞서 모범이 되었고, 관에서 지키는 잣나무 숲을 관리하는 당번도 마다하지도 않았다.

높은 벼슬이나 학문적 성취가 그 사람에게 권력과 권위를 가져다주는 것은 사실이지만, 그것은 그 사람이 조정에 나아갔거나 제자들을 가르칠 때에나 해당되는 것이다. 다른 자리에서 다른 사람들을 만나면 그것은 아무 것도 아닐 수도 있다. 하지만 보통 사람이 그런 사실을 깨닫고 자신을 객관적으로 바라보며 겸손한 마음을 갖는다는 것이 어쩌면 쉬운 일은 아닐 것이다. 신분제 사회가 아닌 오늘날에 이러한 교훈은 보다 더 절실한 것이다. 남보다 더 배웠다고 해서, 남보다 돈이 더 많다고 해서, 내가 남보다 더 잘났다고 생각하는 것은 아닌지, 스스로 반성해볼 일이다.

도산정사陶山精舍 아래 발담이 있었는데, 관청에서 매우 심하게 금지하는 바람에 사람들이 사사로이 고기를 잡을 수가 없었다. 선생은 더운 여름철이 되면 꼭 개울가 정사에서 지내셨는데, 그곳에 한 번도 간 적이 없었다. 대개 의심을 사는 것을 피한 것이다.

남명 조식이 그 이야기를 듣고 웃으며 말했다.

"어쩌면 그리도 잗다란가? 내가 스스로 하지 않는다면 비록 관청의 발담이 있다 한들 무엇이 혐의쩍으며 피할 게 무언가?"

선생께서는 말씀하셨다.

"남명이라면 마땅히 그렇게 할 것이고, 나는 또 마땅히 이렇게 할 것이다. 내가 할 수 없는 것으로 유하혜柳下惠의 할 수 있는 것을 배우는 것도 또한 마땅하지 않겠는가?" [140)]

陶山精舍下有漁梁 官禁甚嚴 人不得私漁 先生每當暑月 則必居溪舍 未嘗一到于此 蓋避是嫌也 曹南冥聞之笑曰 何太屑屑也 我自不爲 雖有官梁 何嫌何避 先生曰 在南冥則當如彼 在我則亦當如是 以吾之不可學柳下惠之可 不亦宜乎

140) 유하혜는 중국 춘추시대 노魯나라 사람이다. 원래 이름은 전획展獲이지만 유하柳下에서 살았으므로 이것이 호가 되었으며, 문인들이 혜惠라는 시호를 올렸으므로 유하혜라고 불렀다. 내가 할 수 없는 것으로 유하혜의 할 수 있는 것을 배운다는 고사는 아래의 이야기에서 나온 것이다.

옛날 노나라의 한 남자가 홀로 살았는데, 이웃에 한 과부도 홀로 살고 있었다. 밤에 폭풍우가 들이쳐 과부의 집이 무너지자, 그 부인은 달려와 몸을 의탁하려 했다. 그러자 남자는 문을 닫고 들여보내 주지 않았다.

그러자 부인이 문틈으로 말했다.

"그대는 왜 나를 들여보내 주지 않습니까?"

"내가 듣기로 남자는 육십이 되기 전에는 서로 섞여 지낼 수 없다고 했습니다. 지금 그대도 어리고 나도 어리니 그대를 들여보내 줄 수 없습니다."

"그대는 어찌 유하혜와 같지 않습니까? 그가 불체문不逮門의 여인을 안아서 덥혀주었지만, 나라 사람들이 누구도 음란하다 하지 않았습니다."

"유하혜는 할 수 있지만 나는 못합니다. 그러니 나는 나의 하지 못함을 가지고 유하혜의 할 수 있음을 배우겠습니다."

이것을 듣고 공자께서 말씀하셨다.

"유하혜를 배우려는 이들 가운데 아직까지 이 정도의 사람은 없었다!"(『모시毛詩』, 소아小雅, 항백巷伯)

선생은 시골에 계실 때 부역이나 세금을 반드시 일반 백성들보다 먼저 바쳤으며, 내지 않은 적이 없었다. 고을의 서리들도 높은 벼슬을 하는 집이란 것을 몰랐다.

일찍이 선생이 개울가에 나가 앉아 있었는데, 세금 걷는 일꾼이 와서 아뢰었다.

"올해 잣나무 숲을 지키는 것은 나으리 댁 차지입니다."

선생이 웃고 대답하지 않았다. 대개 잣나무 숲은 개울 동쪽에 있었는데, 선생의 집으로 하여금 지키게 했던 것이다.

先生居鄕 凡調役征賦 必先下戶而輸之 未嘗有逋稽 里胥亦未知爲達官家 嘗出坐溪邊 嗇夫來告曰 今年柏林之禁 進賜戶當之 先生笑而不答 蓋栢林在溪東 令先生戶守之

마을 사람 가운데 학문에 뜻을 둔 누가 벼슬아치들의 품계에 따른 순서를 뒤따르는 것을 부끄럽게 여겼다.

그러자 선생께서 말씀하셨다.

"마을은 어른들과 집안 사람들이 사는 곳이다. 품계 높은 벼슬아치를 뒤따르는 것이 부끄럽다니 무슨 뜻인가?"

그가 말했다.

"가문의 지체가 미천한 사람이 저보다 윗자리에 있으면, 소꼬리가 된 것 같아 부끄럽습니다."

선생께서 말씀하셨다.

"마을에서 높게 치는 것은 나이이다. 비록 아랫자리에 있다고 한들 예의에 있어서나 의리에 있어서 안 될 것이 무엇이 있겠는가?"

鄕人志學者 或恥隨品官之列 先生曰 鄕黨[141] 父兄宗族之所在矣 以隨行爲恥 何意 或曰 門地卑微者居右 實有牛後之恥 先生曰 鄕之所貴者齒也 雖居下 於禮於義 有何不可

141) 『퇴계어록』에는 鄕으로 되어 있으나 『학봉집』을 참고하여 고쳤다.

嫌何避先生曰在南冥則當如彼在我則亦當如是
以吾之不可學柳下惠可不亦宜乎
先生居鄉凡調役征賦以先下戶而輸之未嘗有逋
稽里胥亦未知爲達官家嘗出坐溪邊畵夫來告曰
今年栢林之禁進賜戶當之先生笑而不答蓋栢林
在溪東今先生戶守之
鄉人志學者或恥品官之列先生曰鄉父兄宗族之
所在矣以隨行爲恥何意或曰門地卑微者居左縣

별혐

別嫌

꺼려야 되는 것을 분별함

"혐의를 받을 때는 조심하지 않을 수 없다. 옛날 구양공이 몸 붙일 곳 없는 조카딸을 거두어 길렀다. 다 커서 시집을 갔는데, 다시 과부가 되는 바람에 한 집에 살게 해주었다. 그러자 공을 꺼리는 이들이 규방을 제대로 다스리지 않는다고 말하였으며, 식견 있는 이들도 모두 의심하였다.

혐의를 피한다는 것은 조선시대 선비들의 중요한 행동 양식 가운데 하나였다. 설사 자신이 떳떳하지 못한 일을 하려고 한 적이 없다 하더라도, 의심받을 만한 일은 미리 잘 분별하여 하지 않겠다는 태도이다. 이러한 행동 양식은 여러 가지 모습으로 드러난다. 조선시대 양반들은 벼슬을 할 때에도 '상피相避'라고 해서 이해관계가 걸리는 부서에서 가까운 친족과 같이 일하는 것을 피했다. 친족 관계라는 사정 때문에 부당하게 좋은 평가를 했다거나 공평하지 못하게 일을 처리했다는 의심을 사지 않기 위해서이다. 과거를 볼 때도 가족 가운데 한 사람이 시험관이라면 그곳에서 시험을 치를 수 없고 다른 시험 장소로 옮겨야 했다. 재판을 할 때도 관할 지역의 수령이 '상피' 해야 하는 관계에 있다고 하면 다른 지역으로 옮겨서 재판을 요청해야 했다. 상피는 법에 규정된 제도였는데, 대체로 친가와 외가, 그리고 처가의 사촌까지 적용을 받았다.

그밖에도 자신의 집과 재산이 있는 고향 땅에 수령으로 임명되는 것을 피한다거나, 자신이 근무하는 부서에 대한 일을 논하는 상소를 올리거나 상관을 탄핵하게 되는 경우에는 자신의 관직을 사퇴하는 것이 관례였다. 이처럼 혐의를 피하는 일은 법에 정해진 규정을 넘어 생활 전반의 관습으로 지켜져 왔다. 그러므로 꺼려야 될 일을 잘 분별해서 하지 않는 것은 청렴한 관리로서 뿐만 아니라 훌륭한 선비로서도 중요했다.

이 장에서 거론되고 있는 사례는 처형과 한 집에 사는 일과 고을의 수령을 맡고 있는 집안 어른을 찾아뵙는 일에 대한 것이다. 아내의 언니가 어려운 형편에 놓여 오갈 데가 없다는데 그냥 외면할 수는 없는 일이다. 그리고 퇴계 자신도 숙부가 지방관으로 임명되었을 때 가서 머무른 적이 있다. 이런 일들은 어떻게 보면 인정상 피하기 어려운 일일 수도 있고 도리상 필요한 일일 수도 있다. 다만 퇴계는 그러한 행동이 내외內外의 분별이나 공사公私의 구분을 흐트러트리는 변명이 될 수도 있다는 것을 예민하게 꼬집었다.

이러한 일을 마주하게 될 때, 자신의 양심에 떳떳한가 하는 점이 말할 것도 없이 가장 중요하겠지만, 그 일에 어떻게 대처하는 것이 혐의를 피할 수 있는 길인지 늘 고민하는 자세가 필요하다는 점을 퇴계는 되새겨준다. 그러한 자세는 스스로를 다잡아 지켜주는 받침대가 되어줄 것이다.

다음과 같이 여쭈었다.

"아내의 언니가 과부가 되었는데 몸을 맡길 곳이 없다고 합니다. 그런데 따로 살 만한 집도 없다면 같은 집에 살아도 괜찮습니까?"

선생께서 말씀하셨다.

"그것은 의리상 편치 않은 듯하다. 비록 요즘 사람들이 아내의 자매를 가까운 친척이라고 해서 안팎을 나누지 않기는 하나, 구양공歐陽公[142]은 처가에 두 번 장가들었고, 동래 여조겸은 거듭 한무구韓無咎의 딸을 아내로 맞이하였다. 옛 예절이 이와 같으니 지금 가까운 친척으로 대하여 같은 집에 사는 것이 어찌 혐의를 가리는 도리이겠는가? 만약 몸을 맡길 곳이 없다면 마땅히 집을 지어 따로 살게 하고 살림살이를 돌보아주어서 살 자리를 잃지 않게 해주기만 하면 된다."

그리고 이어서 말씀하셨다.

"혐의를 받을 때는 조심하지 않을 수 없다. 옛날 구양공이 몸 붙일 곳 없는 조카딸을 거두어 길렀다. 다 커서 시집을 갔는데, 다시 과부가 되는 바람에 한 집에 살게 해주었다. 그러자 공을 꺼리는 이들이 규방을 제대로 다스리지 않는다고 말하였으며, 식견 있는 이들도 모두 의심하였다. 구양공은 상소를 올려 억울함을 변명하고 나서야 비로소 혐의를 씻었다. 이 또한 혐의를 제대로 가리지 못한 허물인 것이다."

問 妻兄孤寡 無所於歸 又無家可別居 則同室而居 何如 先生曰 此恐於義 有未安也 今人雖以妻姊妹爲至親 無間內外 然歐陽公兩娶胥家 呂東萊再聘韓無咎女 古禮如此 則今以至親待之 同室而居 豈是別嫌之道 若無所歸 則但當築室而別居 經紀生理 俾不失所 可也 因曰 嫌疑之際 不可不愼 昔歐陽公收養族女之無依者 及長嫁之 又寡因畜之一家 忌公者謂公不修帷薄 有識者皆疑之 公至上疏章辨誣 然後方雪 此亦不能別嫌之過也

---

142) 구양공은 구양수를 가리킨다. 구양수歐陽脩(1007~1072)의 자는 영숙永叔, 호는 취옹醉翁이다. 중국 북송 때의 정치가요 문인으로, 당송팔대가의 한 사람이다. 구양수는 부인 설씨가 세상을 떠난 뒤 다시 처제에게 장가들었기 때문에 처가에 두 번 장가들었다고 했다.

다음과 같이 여쭈었다.

"어른이 고을을 다스리게 되었을 때 자제들이 따라가는 것은 의리에 비추어 어떻습니까?"

선생께서 말씀하셨다.

"나라의 법으로 헤아려 본다면, 비록 아내와 자식을 데리고 갈 수는 있으나, 이미 출가한 자녀는 데리고 갈 수 없으니, 자제는 따라가지 않는 것이 옳다.[143] 다만 옛일을 가지고 헤아려 본다면, 송나라의 이신보李信甫가 연산鉛山을 맡고 있을 때 연평 이동 선생이 때때로 오고갔으며, 때로는 부인과 함께 가기도 했다. 아버지가 자식을 따라가는 것도 괜찮은데, 하물며 자제이겠는가? 그러나 옛날과 지금은 옳은 것이 서로 다르고 중국과 우리나라는 군현郡縣 제도가 같지 않은 점이 많다. 중국에서는 군현을 맡은 이에게 모두 월봉月俸을 주어서, 위로 부모를 섬기고 아래로 자녀를 키우며 친척까지 거둔다 해도 별로 해로울 것이 없다. 그러나 오늘날에는 월봉 제도가 없어서, 관가의 물품을 자기 것처럼 쓰고 자제들을 많이 거느리고 관사를 더럽히고 어지럽히니, 어찌 의리에 부합되겠는가? 자제들은 찾아뵙고 인사드리는 일로 오가더라도 또한 오래 머물면서 폐를 끼쳐서는 안 될 것이다."

問 父兄爲邑宰[144] 子弟往從 於義何如 先生曰 以國法揆之 妻子雖當率去 而已嫁之子女 不可帶行 則子弟之不去爲是 但以古事揆之 李信甫任鉛山時 延平先生時亦往來 或與夫人同往 以父從子猶可 況子弟乎 然古今異宜 而中原與本國 郡縣之制 大有不同[145] 中原則爲郡縣者 皆有月俸 雖仰事俯育 以及親戚 猶無害也 今則無月俸之制 而以官物爲己用 則多率子弟 溷煩官舍 豈合於義乎 爲子弟者 雖因覲省往來 亦不可留連以貽其弊

143) 『경국대전』, 이전, 외관직 조에 따르면, 고을의 수령은 근무일수 1,800일(5년)이 통상의 연한인데, 당상관 수령이나 가족을 데리고 가지 않은 수령은 그 반인 900일 만에 자리를 옮겨주도록 되어 있었다. 이것을 보면 수령은 가족을 데리고 부임하는 것이 일반적이었음을 알 수 있다. 하지만 첩은 데리고 갈 수 없었고 결혼한 자식도 데리고 갈 수 없었던 듯하다. 가족을 데리고 가지 않은 북쪽 변방지방의 수령에게는 서울에서 그 집에 월급을 지급했던 예가 있기는 하나(성종실록4, 원년 4월 14일 임술 3번째 기사), 이때는 제대로 시행되지 못하고 있었던 것 같다.

144) 『퇴계어록』에는 守令爲邑宰로 되어 있으나 『학봉집』을 참고하여 고쳤다.

145) 中原與本國 郡縣之制 大有不同 : 『퇴계어록』에는 이 구절이 없으나 『학봉집』을 참고하여 추가하였다.

『퇴계어록』에 대하여[146)]

1707년 퇴계와 교분이 깊던 중종 때의 문신 권벌權橃의 5대손인 권두경權斗經은 그때까지 알려진 퇴계 선생의 언행 관련 자료를 모두 모아 『퇴계선생언행통록退溪先生言行通錄』이라는 8권 5책의 방대한 저작을 완성했다. 그는 책의 앞부분에 『언행통록』을 편집할 때 참고했던 책의 목록을 적은 항목을 마련해두었는데, 거기에 『퇴계어록』도 보인다. 거기에는 다음과 같은 설명이 붙어 있다.

임영林泳이 학봉鶴峰, 간재艮齋, 추연秋淵이 기록한 선생의 언행을 모

146) 『퇴계어록』에 대한 이 글은 선행 연구를 참조하여 서술한 것이다. 보다 자세한 내용은 아래 논문을 참조해 주기 바란다.
김언종, 『퇴계선생언행록』 「소고」 『연민학지』 4, 1996.
임형택, 「퇴계선생어록 해제」 『퇴계학보』 119, 2006.

은 것이다. 거기에는 선생의 언행을 기록한 사람의 이름을 드러내지 않았는데, 어록이라고 불렀다.

권두경의 기록에 따르면 『퇴계어록』은 임영이라는 사람이 퇴계 선생의 세 제자, 곧 학봉 김성일, 간재 이덕홍, 추연 우성전이 남긴 언행록을 모아 하나의 책을 만들었다는 것이다. 『퇴계어록』의 편찬자로 나오는 임영(1649~1696)은 자가 덕함德涵이고 호가 창계滄溪이다. 그는 현종 때 과거에 급제하여 벼슬길에 나섰고, 숙종 때에 벼슬이 참판에까지 이르렀던 인물이다. 이단상李端相과 박세채朴世采의 문인인 그는 가문의 기반이 호남 지역이었고, 학문적으로도 기호학파의 맥을 이은 인물이었다. 그런 그가 어떻게 해서 『퇴계어록』을 편찬하게 되었을까?

『퇴계어록』이 만들어지게 된 사연은 17세기의 문신 학자 박세채의 「퇴계선생어록에 붙이는 발문」이라는 글을 통해 보다 자세히 알 수 있다.[147] 임영이 박세채의 문인이었기 때문에 임영이 편찬한 책의 발문을 박세채가 썼던 것이다. 박세채의 글은 병진년(1676, 숙종2년) 7월 2일에 쓴 것으로 기록되어 있다.

이 글에 따르면, 『퇴계선생어록』이라는 한 책 분량의 글이 세상에 떠돈 것은 오래된 일이었다. 당시 선비들 사이에서 흘러다니던

147) 『남계집南溪集』 69, 제발, 「발퇴계선생어록」 병진 7월 2일.

책은 간행한 것도 있었고 필사한 것도 있었으며 '어록語錄' 이라는 이름이 붙어있기도 했고 '행록行錄' 이라는 제목도 있었다. 누구한테서 나온 것인지 알 수는 없었지만, 퇴계의 문집에 없는 내용도 많이 기록되어 있고, 내용이 바르고 상세해서 하나같이 마음속에 간직해야 할 것들이었다.

박세채는 이미 어려서 그 책을 빌려 본 적이 있었다. 하지만 그때 그것을 베껴놓지는 못했다. 그것을 후회하고 있던 차에, 문인인 임영이 후천朽淺 황종해黃宗海의 사본을 가지고 와서 보여주었던 것이다. 그것은 그가 어렸을 적에 봤던 그 책이었다. 박세채의 손에 들어온 사본을 만들었다는 황종해는 광해군과 인조 때의 사람이니 임영이나 박세채보다는 한 세대 앞의 사람이었다. 그는 한강寒岡 정구鄭逑의 문인이었고, 예학에 깊은 관심을 가졌던 학자였다. 박세채는 황종해가 쓴 책의 발문을 읽고 학봉 김성일이 바로 『퇴계어록』에 실린 이야기를 직접 기록한 장본인이었다는 사실을 알게 되었다.

퇴계가 세상을 떠나자 몇몇 제자들은 자신들이 보고 들은 선생의 언행을 기록으로 남겼다. 학봉 김성일의 『퇴계선생실기』와 『퇴계선생언행록』, 문봉 정유일의 『언행통술』, 지헌 정사성의 『지헌일록』, 추연 우성전의 『언행수록』, 간재 이덕홍의 『계산기선록』, 월천 조목의 『언행총록』, 설월당 김부륜의 『언행차기』 등이 대표적인 저작이다. 하지만 당시 이러한 저작들이 체계적으로 간행되고 유통되었던 것은 아니었던 것 같다.

『퇴계어록』의 대본이 된 학봉 김성일의 '퇴계선생언행록'의 경우를 통해 그러한 사정을 짐작할 수 있다. 학봉이 저술한 퇴계 선생의 '언행록'은 처음 기록된 뒤, 세대를 넘어 여러 차례 다른 사람들이 베끼게 되었고, 지역적으로도 영남을 벗어나게 되자, 그것이 누구의 저작인지도 잃어버린 채 흘러다니게 되었다. 원래 학봉의 문집은 인조 27년(1649)에 이미 간행되었지만 거기에는 '퇴계선생언행록'이 포함되어 있지 않았다. 그 뒤『학봉집』의 속집이 정조 6년(1782)에 간행되었고, 나머지 부록은 철종 2년(1851)에 원집과 속집을 임천서원臨川書院에서 다시 간행하면서 처음으로 편제에 넣어 출판하였다.[148] 오늘날 남아있는 학봉의 문집을 보면, 퇴계 선생의 '언행록'은 속집의 제5권, 「잡저雜著」에 포함되어 있다. 따라서 학봉의 '퇴계선생언행록'은 18세기 말에 와서야 문집의 체제 속에 포함되었던 것이다. 그 말은 곧 그 전까지는 '언행록'이 별도의 책으로만 유통되었다는 뜻이 되겠다.

다시 황종해의 글을 살펴보면, 그는『퇴계어록』의 사본을 친구인 김약중金若重으로부터 얻었다고 한다. 그가 얻은 사본은 앞부분에 우리나라의 지리나 경치에 대한 글과 조선왕조의 왕실 계보, 관부의 이름 같은 내용이 정리되어 있었고, 뒷부분에 퇴계 선생의 언행이 기록되어 있는 것이었다. 황종해는 그 책을 읽자마자 뒷부

148) 이우성, 학봉전집 해제, 1998. 12. 12.(한국고전번역원 한국고전종합DB 고전번역서 학봉전집 해제, htttp://db.itkc.or.kr)

분이 매우 가치 있는 것임을 곧 깨달았다. 하지만 서둘러 내용만 훑어보는 정도로는 그 책을 누가 쓴 것인지 알 수가 없었다. 예학에 조예가 깊었던 황종해는 어록 가운데 예학에 대한 질문 몇 가지를 뽑아낸 다음, 그것을 여러 선생들이 주고받은 예학과 관련된 글과 비교했다. 그리하여 그는 자신이 손에 넣은 퇴계 선생의 '언행록'이 바로 학봉 김성일이 남긴 기록임을 알아낼 수 있었다.

황종해는 그 책을 퇴계학파의 『논어』와 같은 책이라고 높게 평가하면서, 빠진 글자를 넣고 틀린 글자를 고치고, 엉뚱한 내용과 하나로 합쳐진 것을 나누어, 새롭게 하나의 책을 편집해냈다. 그리고는 『퇴계선생언행습유退溪先生言行拾遺』라는 제목을 붙였다. 그러한 사정의 전말은 「퇴계선생언행습유서退溪先生言行拾遺序」라는 황종해의 글에 잘 나와 있다.[149] 그 책이 바로 한 세대를 넘어 임영을 거쳐 박세채에게 전달되었던 것이다.

박세채는 황종해가 남긴 설명을 읽고, 그 책이 정말로 학봉 김성일의 것인지 몸소 다시 확인했다. 그런 다음 그는 몇 군데 눈에 띄는 잘못을 고치려는 생각으로, 임영에게 선본을 구해 교정을 보는 것이 어떻겠냐고 권유하며 책을 다시 맡겼다. 하지만 책을 돌려받은 임영은 상당히 오랜 시일이 흐른 뒤에야 그 책을 다시 박세채에게 가져왔다. 그런데 그가 가져온 책은 소소한 잘못을 교정

149) 『후천집朽淺集』 7, 서, 퇴계선생언행습유서. 그글이 작성된 때는 숭정崇禎 병자년(1636, 인조 14년)이라고 기록되어 있다.

한 정도가 아니라, 『주자어류朱子語類』의 예에 따라 항목을 주제별로 분류하고, 분류에 맞추어 기존의 체제를 완전히 새롭게 편집한 사본이었다. 『주자어류』가 주자의 말을 주제별로 분류하였듯이, 임영은 특별한 분류 없이 짧은 기록의 나열에 지나지 않았던 『퇴계선생언행습유』를 20개의 주제로 분류된 새로운 편집본 『퇴계어록』으로 탈바꿈시켰던 것이다.

박세채는 임영의 작업이 책의 내용을 보다 분명하게 드러내준다고 보았다. 그리하여 그 체제를 그대로 따르면서, 추가로 몇 가지 사항을 고친 다음, 또 다른 퇴계의 문인인 간재 이덕홍이 기록한 언행록 『계산기선록溪山記善錄』과 비교 검토하는 작업을 진행했다고 한다. 그런 다음 마침내 그 책에 『퇴계선생어록』이라는 이름을 붙이고 발문을 짓게 되었던 것이다. 그것이 바로 숙종 2년의 일이었다. 이런 사연으로 『퇴계선생어록』 또는 『퇴계어록』이라 부르는 책이 나오게 된 것이다.

하지만 박세채가 발문을 쓴 다음에도 책을 완성하는 작업은 마무리되지 않고 계속 이어졌던 듯하다. 임영이 박세채에게 보낸 편지[150)]를 보면, 서문이 완성되고 3년이 지난 시점에서도 여러 가지 작업이 진행되고 있던 모습을 찾아볼 수 있다. 먼저 임영과 박세채 외에도 그들과 친분이 있던 명재 윤증까지도 이 책을 읽고 검

150) 『창계집滄溪集』 7, 서書 , 현강에게 올리는 글[上玄江], 기미己未(1679).

토했던 것을 알 수 있다. 또한 그들이 그때까지도 분류 항목을 놓고 고민을 하고 있었다는 사실도 알 수 있다.

우선 임영은 자신이 만든 분류 체계를 마뜩찮아 했다. 그는 아예 다시 분류하지 않은 상태로 돌아갈까 하는 고민도 했던 것 같다. 그리고 그는 『퇴계어록』의 분량이 『주자어류』처럼 많지 않으니, 주자가 정자의 문집을 간행하면서 제자들의 글을 「외서外書」의 체제로 따로 묶은 예에 따라, 황종해의 사본과 이덕홍의 『계산기선록』을 그대로 나란히 배치할까 하는 생각도 했다. 그리고 분류 항목에 제목을 달지 않고 그저 주석만 달아, '여기까지는 성리를 논하였다' 또는 '여기까지는 학문을 논하였다' 하고 구별해줄까 하는 생각도 했다.

임영의 이러한 고민이 어떤 식으로 결말지어졌는지 그 다음은 잘 알 수가 없다. 하지만 오늘날 남아있는 『퇴계어록』은 퇴계 선생의 언행을 스무 가지 항목으로 분류하여 편집한 것이다. 그런데 남아있는 책은 항목당 몇 꼭지의 글이 묶이는가 하는 편차가 상당히 크다. 스무 번째 〈별혐〉 항목은 가장 적어서 글이 두 꼭지뿐이고, 열세 번째 〈행장〉 항목은 가장 많아서 스물두 꼭지이다. 각 항목의 제목과 꼭지 수는 아래와 같다.

①이기理氣(6) ②지양持養(3) ③독서讀書(7) ④봉선奉先(19)
⑤출처出處(5) ⑥상론尙論(13) ⑦수행粹行(13) ⑧심법心法(14)
⑨법언法言(6) ⑩자봉自奉(12) ⑪추원追遠(8) ⑫종형從兄(4)

⑬행장行藏(22) ⑭사수辭受(3) ⑮접인接人(7) ⑯교인敎人(10)
⑰벽이단闢異端(8) ⑱숭선정崇先正(6) ⑲향당鄕黨(3) ⑳별혐別嫌(2)

그런데 생각해보면, 지금 남아있는 책에는 박세채의 발문이 붙어있지도 않고, 편찬자인 임영의 글도 없다. 어느 모로 보아도 세심하게 다듬어서 완성한 책으로는 보이지 않는다. 아마도 이러한 작업 과정의 어느 단계에서 만들어진 사본 하나가 남아서 전하는 것이 아닌가 하는 생각을 해 본다.

이런 생각을 하게 되는 또 다른 이유는, 책의 내용이 편찬자들이 밝힌 것과 차이가 있기 때문이다. 앞에서 편찬 과정을 살펴본 바와 같이, 『퇴계어록』은 많은 부분 학봉 김성일의 『퇴계선생언행록』과 내용이 겹친다. 책을 만들 때 학봉의 언행록을 대본으로 했기 때문에 그것은 어쩌면 당연한 말이다. 하지만 편찬자들이 밝힌 작업의 과정을 생각한다면 이덕홍의 『계산기선록』이나 우성전의 『언행수록』에 실린 기사 또한 덧붙여 수록되었을 것으로 짐작할 수 있다. 하지만 실제로 남아있는 『퇴계어록』의 내용을 검토해보면, 『계산기선록』이나 『언행수록』에 실린 기사는 인용하지 않고 있다는 사실을 발견할 수 있다.

본격적으로 『퇴계어록』의 내용을 분석해보면, 그 내용은 거의 전적으로 학봉의 『퇴계선생언행록』과 내용이 겹친다. 『퇴계어록』에는 모두 171개의 이야기가 실려 있는데, 그 가운데 156개가 학봉의 언행록에 수록된 이야기이다. 『학봉집』에 실려 있는 『퇴계

선생언행록』이 모두 176개의 기사로 구성되어 있으니, 단 20개의 기사만 빼고는 모두 『퇴계어록』으로 옮겨진 셈이다. 이것을 거꾸로 보면 『퇴계어록』에 실린 기사 가운데 학봉의 언행록에 실려 있지 않은 기사는 15개에 지나지 않는다.

한편, 학봉의 언행록에 실려 있지 않은 15개 기사 가운데 8개 기사는 학봉 김성일이 쓴 『퇴계선생사전退溪先生史傳』에서 찾아볼 수 있다. 『퇴계선생사전』은 글의 형식을 살펴보건대 학봉 김성일이 쓴 퇴계 선생의 '졸기卒記'이다. 조선왕조실록에는 각 시대의 주요 인물이 세상을 떠난 날짜에 그 사람에 대한 기록을 따로 정리해서 실어놓은 경우가 있는데, 그것을 '졸기'라고 한다. 퇴계가 세상을 떠났을 무렵 학봉은 조정에 나와 사관으로 일하고 있었다. 그는 사관으로 있으면서 퇴계가 임금 앞에 나와서 했던 발언을 모두 정리해서 퇴계연보를 편찬하는 자료로 쓰라면서 도산으로 보내었다고 하는데, 그때 실록에 실릴 퇴계의 졸기도 손수 지었던 모양이다.[151)]

그밖에 나머지 7개의 기사는 한두 개 출처가 확인되는 경우도 있지만 나머지는 출처가 정확하게 확인되지는 않는다. 하지만 그것도 대체로 학봉이 남긴 기록에서 비롯한 것이 아닐까 한다. 만약 이런 짐작이 맞는다면 지금 남아있는 『퇴계어록』은, 권두경이

151) 김성일의 연보年譜를 보면 퇴계가 세상을 떠난 그 다음해에 『퇴계선생사전』을 지었다는 기록이 있다.(『학봉집』 부록 1, 연보, 융경 5년(1571, 선조 4년) 辛未)

나 박세채가 남긴 글에서 말한 이덕홍이나 우성전의 언행록을 참조하기 전 단계에서 정리된 사본이라고 보아야 할 것이다.

18세기가 되면서 글의 처음에 말했던 권두경의 『언행통록』이 편찬되었고, 이어서 이수연에 의해 『퇴계선생언행록』이 완성되었다. 그 뒤 성호와 그 제자들에 의해 『이자수어』가 편찬되기도 했다. 이런 책들은 내용의 방대함이나 체제의 치밀함에서 모두 『퇴계어록』을 앞서는 역작들이다. 이런 책들이 유행하면서 『퇴계어록』의 쓸모나 중요성은 점점 줄어들게 되었을 것이다. 그리하여 지금은 사본도 몇 남지 않은 희귀한 책으로 남겨지게 되었다.

하지만 이 책은 퇴계 선생의 언행 기록을 주제별로 분류해서 편집한 최초의 책이라는 의미를 가진다. 학봉이나 다른 제자들이 남긴 언행록이 별다른 분류 없이 이야기를 그저 나열하고 있다는 점과 비교하면 이런 체제가 주는 편리함을 높이 평가하지 않을 수 없다. 아울러 한 권이라는 짧은 분량의 책이라 퇴계 선생을 처음 알게 되는 초심자가 보다 쉽게 접근할 수 있다는 유용한 측면도 가지고 있다. 이 책을 통해 퇴계 선생의 삶과 말씀이 전해 주는 맑고 따뜻한 기운을 보다 많은 분들이 만나고 느낄 수 있게 되기를 바란다.

옮긴이 김영두

김영두는 경남 진주 출신으로 서강대학교 사학과를 졸업했고 현재 국사편찬위원회에서 일하고 있다. 「조선 전기 도통론道統論의 전개와 문묘종사文廟從祀」라는 논문으로 동 대학원에서 박사과정을 수료했다. 전공 분야는 조선 중기 사상사이고, 역사학의 관점에서 조선 중기 성리학을 연구하고 이해하려는 시도를 이어나가고 있다.
2003년, 유명한 사단칠정 논쟁이 들어 있는 퇴계 이황과 고봉 기대승 간의 왕복 편지를 번역 소개한 『퇴계와 고봉, 편지를 쓰다』라는 책을 내어 좋은 반응을 얻었다. 그 뒤로 한문을 모르는 사람도 쉽게 읽을 수 있도록 조선시대 사람들의 글을 풀어쓰는 일에도 노력을 기울이고 있다.

퇴계, 인간의 도리를 말하다

1판 1쇄 발행 2011년 1월 17일
1판 2쇄 발행 2011년 11월 15일

옮긴이 | 김영두
펴낸이 | 김이금
펴낸곳 | 도서출판 푸르메
등록 | 2006년 3월 22일(제318-2006-33호)
주소 | 121-869 서울시 마포구 연남동 568-39 컬러빌딩 301호
전화 | 02-334-4285~6
팩스 | 02-334-4284
E-mail | prume88@hanmail.net
인쇄 · 제본 | 한영문화사

ISBN 978-89-92650-40-3 03810

이 도서의 국립중앙도서관 출판시 도서목록(cip)은 e-CIP홈페이지(http://www.nl.go.kr/ecip)와 국가자료공동목록시스템(http://www.nl.go.kr/kolisnet)에서 이용하실 수 있습니다.
(CIP제어번호: CIP2011004860)